MY LITTLE BUDDY

친절한
DIY 교과서
No. 028

코바늘로 뜨는 베이비돌

아마폴라 손뜨개 인형

김화진(아마폴라) 지음

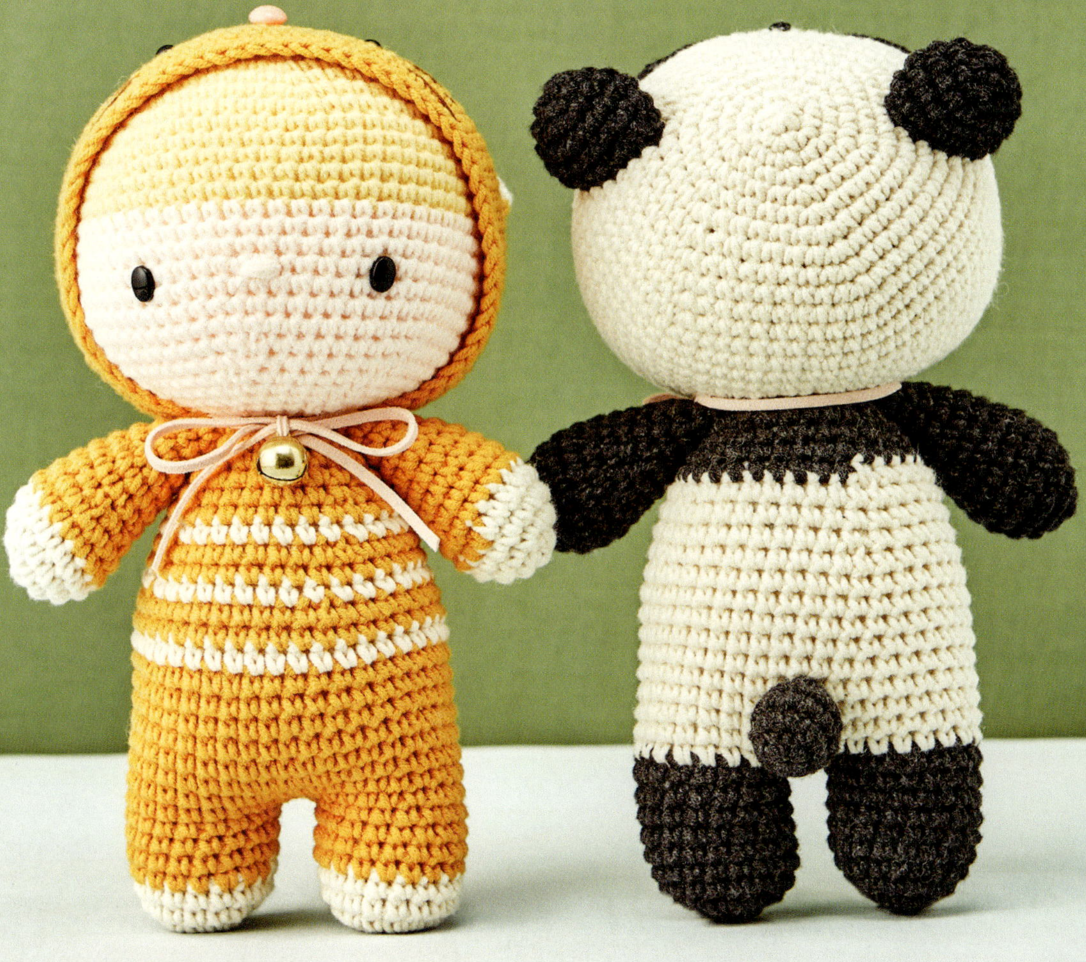

터닝포인트

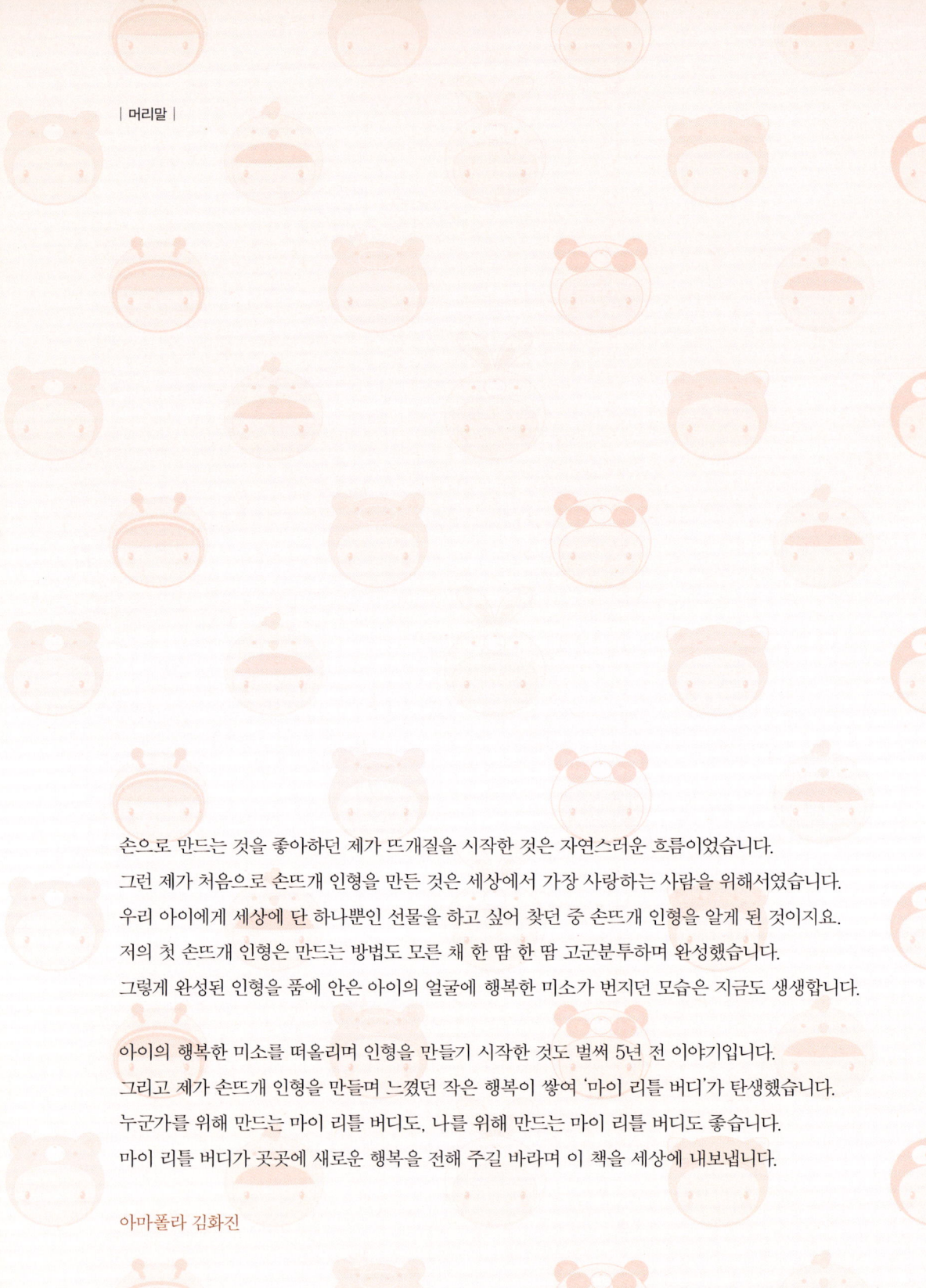

손으로 만드는 것을 좋아하던 제가 뜨개질을 시작한 것은 자연스러운 흐름이었습니다.
그런 제가 처음으로 손뜨개 인형을 만든 것은 세상에서 가장 사랑하는 사람을 위해서였습니다.
우리 아이에게 세상에 단 하나뿐인 선물을 하고 싶어 찾던 중 손뜨개 인형을 알게 된 것이지요.
저의 첫 손뜨개 인형은 만드는 방법도 모른 채 한 땀 한 땀 고군분투하며 완성했습니다.
그렇게 완성된 인형을 품에 안은 아이의 얼굴에 행복한 미소가 번지던 모습은 지금도 생생합니다.

아이의 행복한 미소를 떠올리며 인형을 만들기 시작한 것도 벌써 5년 전 이야기입니다.
그리고 제가 손뜨개 인형을 만들며 느꼈던 작은 행복이 쌓여 '마이 리틀 버디'가 탄생했습니다.
누군가를 위해 만드는 마이 리틀 버디도, 나를 위해 만드는 마이 리틀 버디도 좋습니다.
마이 리틀 버디가 곳곳에 새로운 행복을 전해 주길 바라며 이 책을 세상에 내보냅니다.

아마폴라 김화진

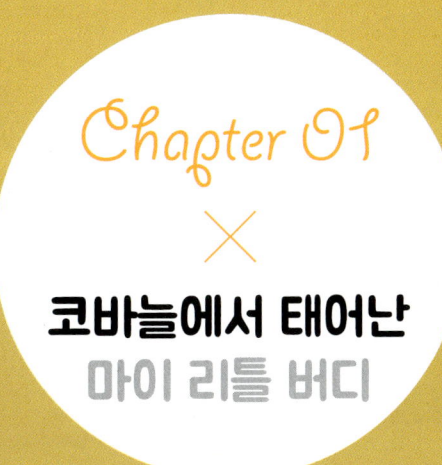

Chapter 01

✕

코바늘에서 태어난
마이 리틀 버디

1/ 소녀들의 티타임

부끄럼쟁이 미코와 수줍음쟁이 마요.
두 사람은 친해지고 싶은데 좀처럼 다가가질 못하네요.
그래서 명랑쾌활 요나가 두 사람을 위한 티타임을 준비했어요.

오늘도 맛있는 간식을 잔뜩 모아 온 먹보 허니비.
그런데 폴라와 포포는 오늘도 세상 모르고 자고 있네요.
"모두 일어나 봐, 이렇게 달콤한 케이크를 가져 왔단 말이야!"

2/ 사탕보다 달콤한 낮잠

세상의 모든 음식을 맛보고 싶은 미식가 피코와
세상의 모든 지식을 알고 싶은 똘똘이 루크가 여행 계획을 세우고 있어요.
이 둘을 몰래 지켜보는 버디, 카메라까지 들고 무슨 장난을 치려는 걸까요?

4/ 동상이몽 캠핑

저 구름 너머에는 어떤 땅이 펼쳐질지 궁금한 호기심 대장 랄프와
저 솜사탕 같은 구름에 누워 달콤한 꿀잠을 청하고 싶은 몽상가 포니.
이렇게나 다른 두 사람의 동상이몽 캠핑, 어떤 즐거움이 기다리고 있을까요?

Chapter 02

×

마이 리틀 버디를
만들기 전에

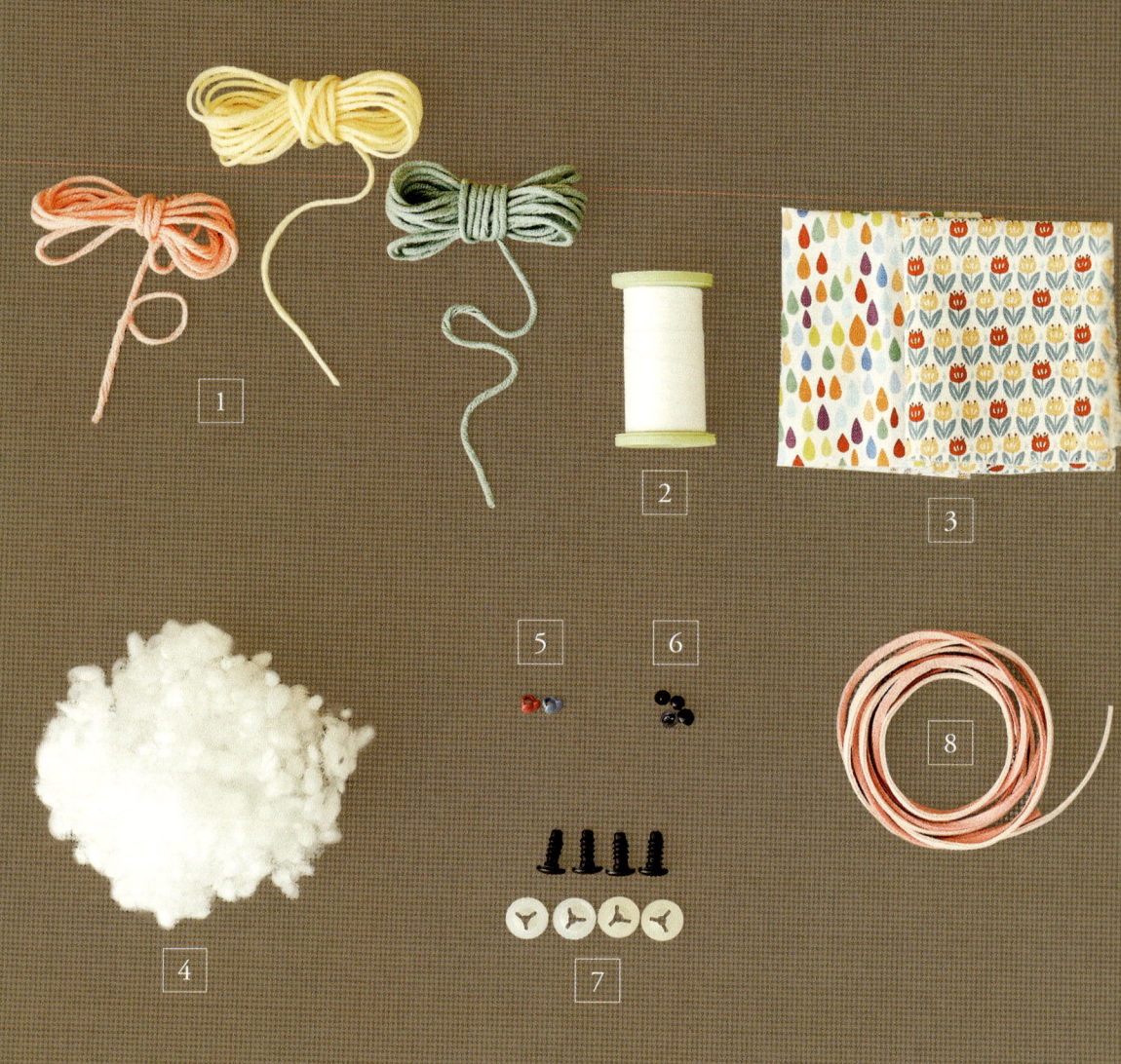

1. 코바늘 뜨개 인형 제작 도구 및 재료

마이 리틀 버디를 만드는 데에 필요한 도구와 재료를 소개합니다.

1 털실 인형의 각 부위를 뜰 때 사용하는 실입니다. 이 책에서는 실의 느낌이 부드러운 면 혼방사를 사용합니다.

2 면사 인형의 각 부위를 연결하거나 눈, 코를 달 때 사용하는 실입니다.

3 원단 인형이나 소품의 장식으로 사용합니다. 이 책에서는 인형의 배에 동그랗게 붙여 포인트를 줄 때 사용했습니다.

4 방울솜 인형 속을 채울 때 사용합니다. 뭉치지 않게 잘 풀어서 넣습니다.

5 단추 인형이나 소품의 장식으로 사용합니다. 이 책에서는 인형 모자의 눈이나 코를 만들 때 사용합니다.

6 단추눈 인형 모자에 다는 눈입니다. 플라스틱 소재이며 뒤쪽에 볼록한 단춧구멍이 있어 꿰매어 연결합니다.

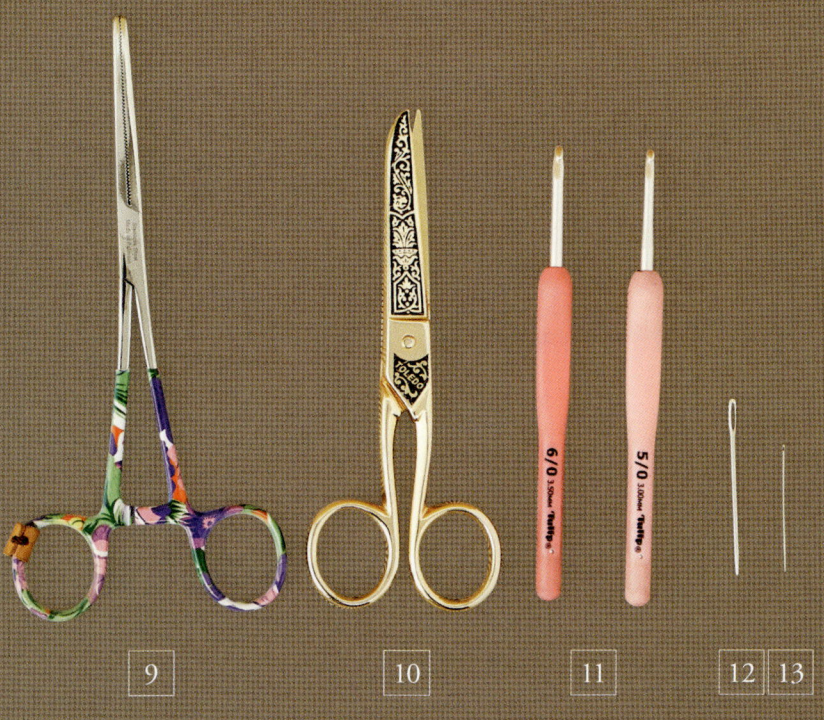

9   10   11   12 13

7 나사눈 인형 얼굴에 다는 눈으로, 플라스틱 소재이며 뒤쪽이 나사 형태로 되어 있습니다. 편물의 겉면 코 사이에 넣은 후, 편물 안쪽에 와셔를 끼워 답니다.

8 리본 인형의 목에 둘러 액세서리로 사용합니다. 이 책에서는 주로 샤무드 끈을 사용했지만 취향에 맞춰 소재를 변경해도 좋습니다.

9 겸자 겸자 가위라고도 하며, 솜을 채우거나 편물을 뒤집을 때 사용하면 편리합니다.

10 가위 기본적으로 실을 자를 때 사용합니다. 그러나 인형을 만들 때에는 눈을 고정하는 등 다양한 경우에 가위를 사용하므로 재단용 가위나 쪽가위보다는 공예용 가위를 준비하는 것이 좋습니다.

11 코바늘 인형의 각 부위를 뜰 때 사용하는 바늘입니다. 이 책에서는 코바늘 5호를 사용합니다.

12 돗바늘 바늘귀가 크고 끝이 뭉뚝한 바늘로, 편물을 꿰매어 연결할 때 사용합니다.

13 바늘 일반 재봉용 바늘입니다. 돗바늘보다 가늘어서 섬세한 작업이 필요할 때 사용합니다.

2. 코바늘 뜨개 기법과 바느질법

마이 리틀 버디를 만드는 데에 필요한 코바늘 뜨개 기법과 바느질법을 소개합니다.

● 코바늘 뜨개 기법

코잡기(사슬코)

사슬 모양으로 생긴 코를 만드는 코바늘 뜨개의 기본 기법입니다.

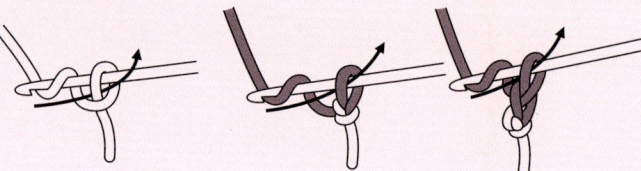

1 실을 1번 감고, 바늘 코에 실을 걸어 끌어낸 후 실끝을 당겨 실을 조입니다.

2 과정 1을 연달아 반복합니다.

3 사슬뜨기 2코가 완성된 모습입니다.

×

짧은뜨기

코바늘 인형을 뜰 때 가장 많이 사용하는 기법입니다.

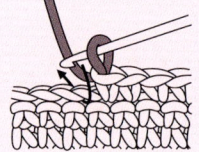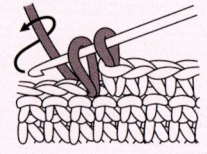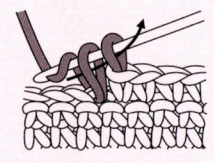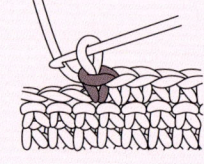

1 화살표의 코에 바늘을 넣고 실을 걸어 앞으로 끌어냅니다.

2 화살표와 같이 바늘을 움직여 바늘에 실을 겁니다.

3 실을 2개의 루프 사이로 한 번에 빼냅니다.

4 짧은뜨기가 완성되었습니다.

원형코 만들기

인형 만들기에서 가장 기본적으로 사용하는 방법입니다.

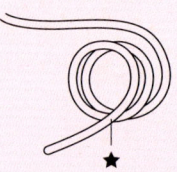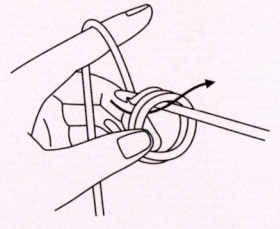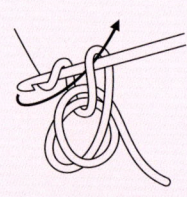

1 손가락에 실을 감아 고리 모양을 만들고, ★ 표시된 부분을 왼손의 엄지와 중지로 누릅니다.

2 고리 안으로 바늘을 넣고 실을 걸어 빼냅니다.

3 다시 바늘에 실을 걸어 빼면서 매듭을 짓습니다.

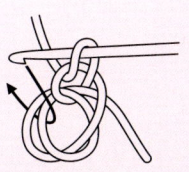
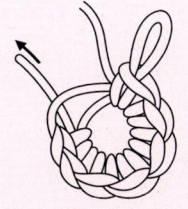
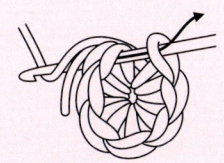

4 고리 안으로 바늘을 넣어 필요한 콧수만큼 짧은뜨기를 뜹니다.

5 짧은 실을 잡아당겨 고리를 조입니다.

6 첫 짧은뜨기 머리에 바늘을 넣어 빼뜹니다. 원형코가 완성됩니다.

코바늘 뜨개 편물의 콧수를 늘리는 방법입니다.

코 늘리기

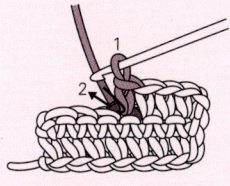
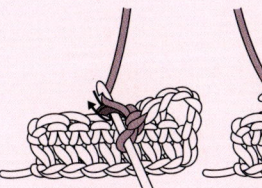
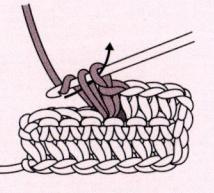
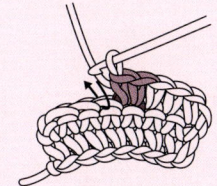

1 짧은뜨기 1코를 뜨고 같은 코에 바늘을 넣습니다.

2 실을 걸어 빼냅니다.

3 다시 바늘에 실을 걸어 2개의 루프 사이로 빼냅니다.

4 1코 늘리기가 완성되었습니다.

코바늘 뜨개 편물의 콧수를 줄이는 방법입니다.

코 줄이기

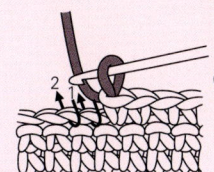
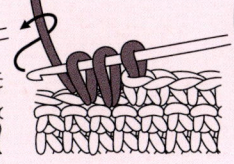
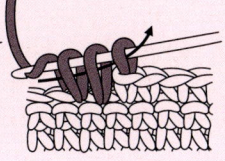
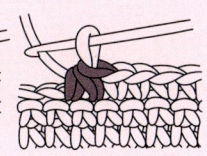

1 ❶에서 ❷의 순서로 바늘을 넣어 실을 끌어냅니다.

2 화살표와 같이 바늘을 움직여 바늘에 실을 겁니다.

3 실을 3개의 루프 사이로 한 번에 빼냅니다.

4 1코 줄이기가 완성되었습니다.

편물의 콧수를 줄일 때 2코를 한 번에 빼내어 뜨는 기법입니다.

빼뜨기

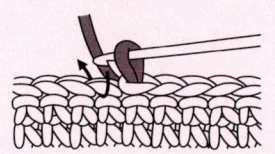
1 화살표의 코에 바늘을 넣습니다.

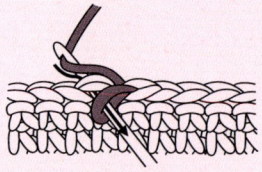
2 바늘 코에 실을 걸어 끌어내 루프 사이로 한 번에 빼냅니다.

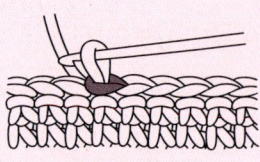
3 빼뜨기가 완성되었습니다.

● 바느질법

감침질

바느질선을 겉으로 보이지 않게 처리하는 바느질 방법으로, 편물의 끝단을 맞대고 얇게 떠서 한 방향으로 감아 가며 바느질합니다.

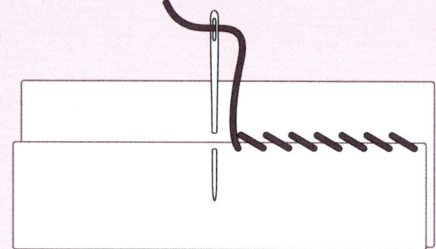

공그르기

바느질선을 겉으로 보이지 않게 처리하는 바느질 방법으로, 위아래 한 코씩 번갈아 가며 겉에서 땀이 거의 보이지 않게 바느질합니다.

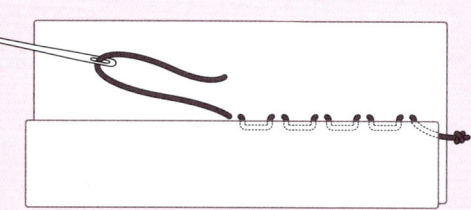

3. 인형 얼굴과 몸통의 기본 연결 방법

마이 리틀 버디의 조립 순서는 모든 인형이 동일합니다. 머리, 몸통, 팔을 기본으로 귀와 꼬리 등의 부위는
상황에 맞춰 연결합니다. 아래와 같은 방법으로 연결하여 마무리해 주세요.

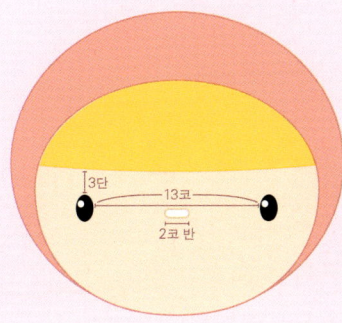

1 작품별 도안을 참고하여 각 부위를 완성합니다.

2 얼굴에 솜을 넣기 전 앞머리 부분에서 3단 아래에, 두 눈 사이를
13코 띄우고 나사눈을 끼웁니다.

3 코는 눈과 눈 사이 정중앙에 살색 실로 2코 반을 수놓습니다. 이때
눈과 코가 같은 단인지 확인하고, 실이 겹치지 않도록 주의합니다.

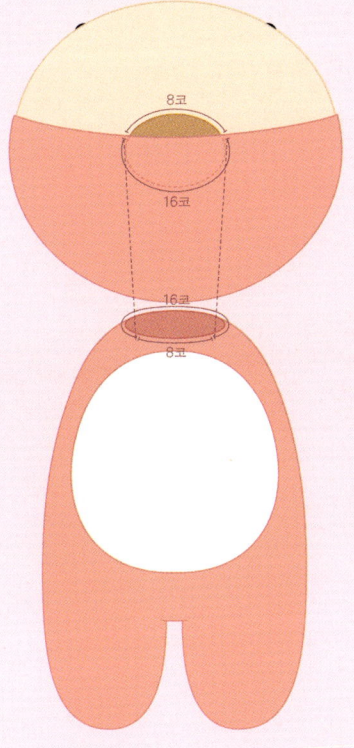

4 머리를 모자 안에 넣은 후 얼굴
부분이 8코만 보이도록 씌우고,
몸통과 머리에 1코씩 번갈아 가며
꿰매어 연결합니다. 몸통의 8코는
머리와 연결하고 나머지 16코는
모자 겉부분과 연결합니다. 모자를
벗긴 후, 얼굴 안쪽과 모자 안쪽도
연결합니다.

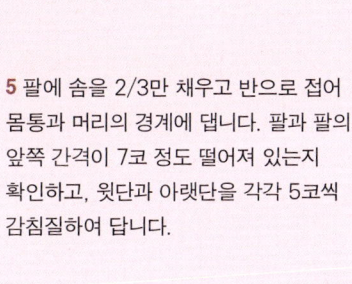

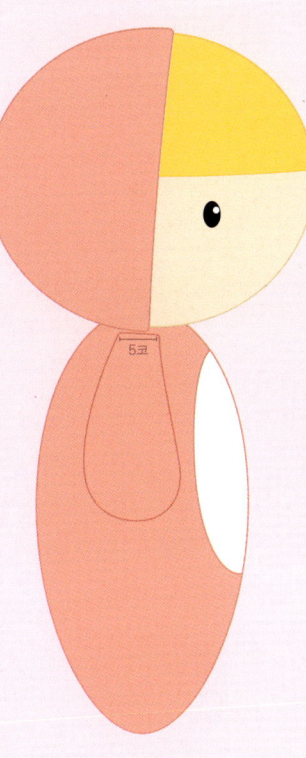

5 팔에 솜을 2/3만 채우고 반으로 접어
몸통과 머리의 경계에 댑니다. 팔과 팔의
앞쪽 간격이 7코 정도 떨어져 있는지
확인하고, 윗단과 아랫단을 각각 5코씩
감침질하여 답니다.

Chapter 03

×

동물 잠옷을 입은
마이 리틀 버디

1. 부끄럼쟁이 고양이 미코

실 색상 아이보리색, 연노란색, 주황색, 살색

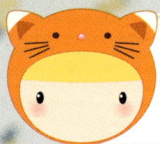

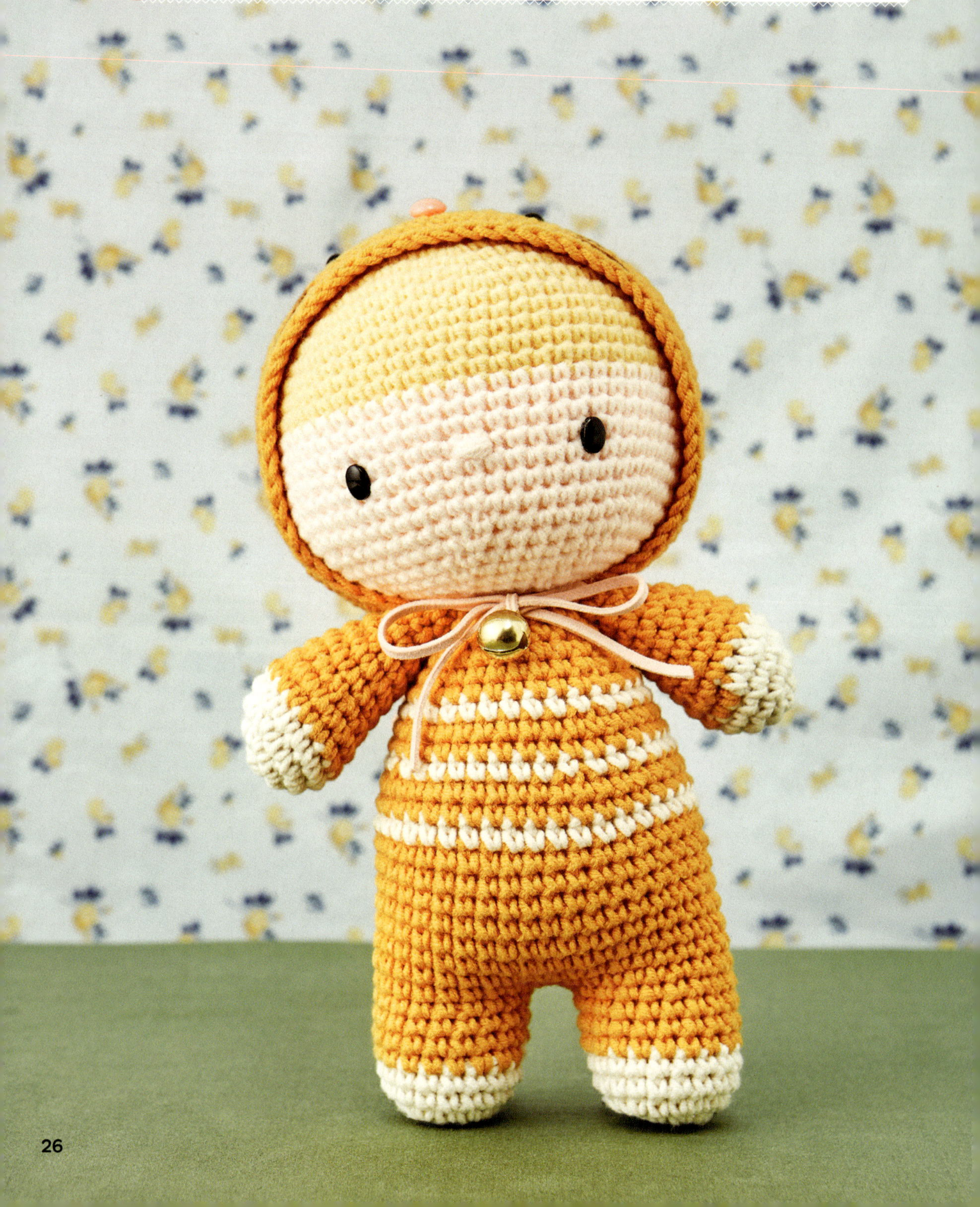

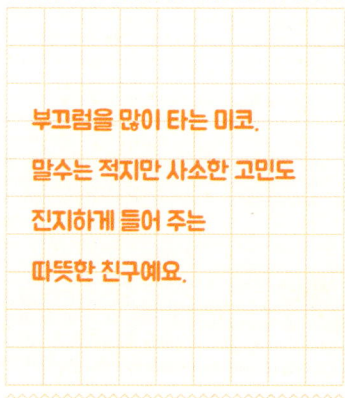

부끄럼을 많이 타는 미코.
말수는 적지만 사소한 고민도
진지하게 들어 주는
따뜻한 친구예요.

쑥스러워서 먼저 다가가지는 못하지만,
마음만은 늘 가까이에 있어요……!

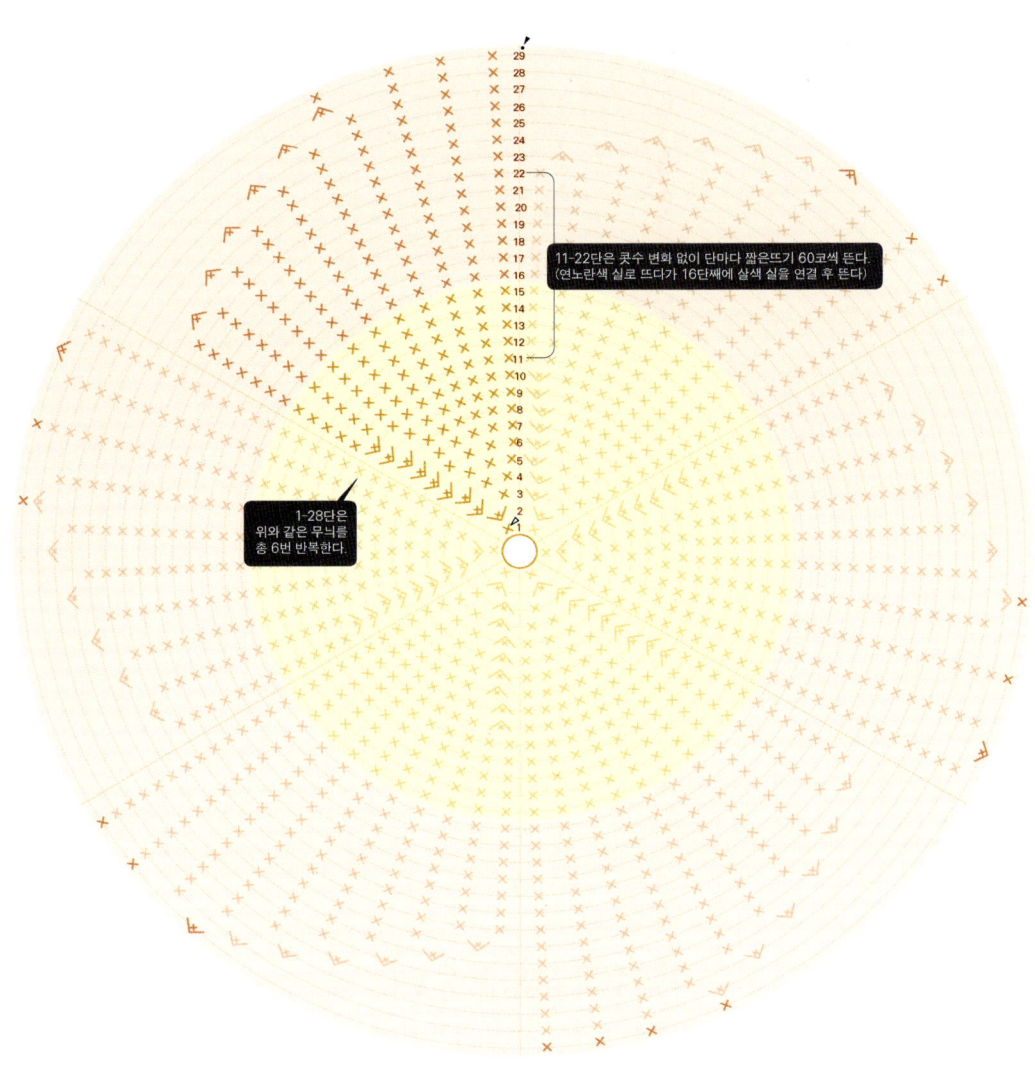

11-22단은 콧수 변화 없이 단마다 짧은뜨기 60코씩 뜬다.
(연노란색 실로 뜨다가 16단째에 살색 실을 연결 후 뜬다)

1-28단은
위와 같은 무늬를
총 6번 반복한다.

얼굴 만들기

단	콧수	색상	설명
1단	6코	연노란색	짧은뜨기 6코
2단	12코		코늘림 6코
3단	18코		(짧은뜨기 1코, 코늘림 1코)×6번
4단	24코		(짧은뜨기 2코, 코늘림 1코)×6번
5단	30코		(짧은뜨기 3코, 코늘림 1코)×6번
6단	36코		짧은뜨기 4코, 코늘림 1코)×6번
7단	42코		(짧은뜨기 5코, 코늘림 1코)×6번
8단	48코		(짧은뜨기 6코, 코늘림 1코)×6번
9단	54코		(짧은뜨기 7코, 코늘림 1코)×6번

단	콧수	색상	설명
10단	60코		(짧은뜨기 8코, 코늘림 1코)×6번
11-15단	60코		짧은뜨기 60코
16-22단	60코	살색	짧은뜨기 60코
23단	54코		(짧은뜨기 8코, 코줄임 1코)×6번
24단	48코		(짧은뜨기 7코, 코줄임 1코)×6번
25단	42코		(짧은뜨기 6코, 코줄임 1코)×6번
26단	36코		(짧은뜨기 5코, 코줄임 1코)×6번
27단	30코		(짧은뜨기 4코, 코줄임 1코)×6번
28단	24코		(짧은뜨기 3코, 코줄임 1코)×6번
29단	20코		(짧은뜨기 4코, 코줄임 1코)×4번

팔 만들기(2개)

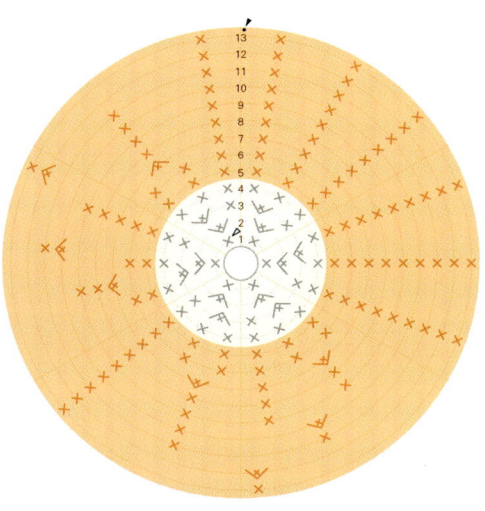

단	콧수	색상	설명
1단	6코	아이보리색	짧은뜨기 6코
2단	12코		코늘림 6코
3단	18코		(짧은뜨기 1코, 코늘림 1코)×6번
4단	18코		짧은뜨기 18코
5-6단	18코	주황색	짧은뜨기 18코
7단	14코		(짧은뜨기 1코, 코줄임 1코)×4번, 짧은뜨기 6코
8-9단	14코		짧은뜨기 14코
10단	12코		(짧은뜨기 2코, 코줄임 1코)×2번, 짧은뜨기 6코
11단	12코		짧은뜨기 12코
12단	10코		(짧은뜨기 1코, 코줄임 1코)×2번, 짧은뜨기 6코
13단	10코		짧은뜨기 10코

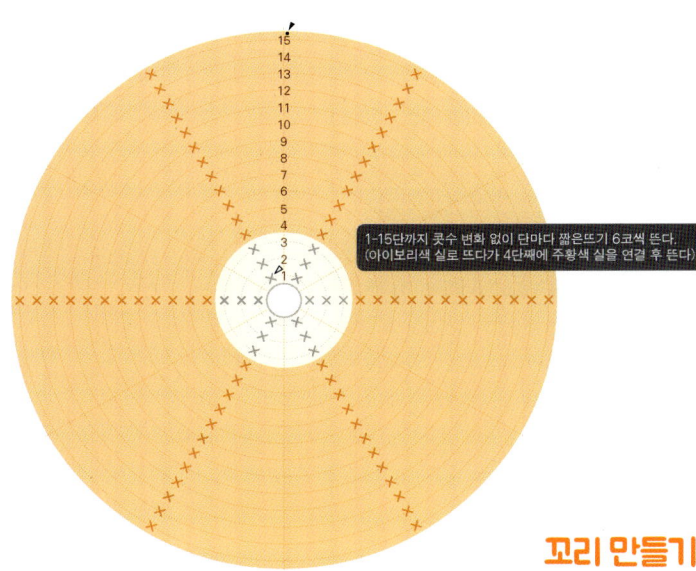

1-15단까지 콧수 변화 없이 단마다 짧은뜨기 6코씩 뜬다.
(아이보리색 실로 뜨다가 4단째에 주황색 실을 연결 후 뜬다)

꼬리 만들기

단	콧수	색상	설명
1-3단	6코	아이보리색	짧은뜨기 6코
4-15단	6코	주황색	짧은뜨기 6코

다리 및 몸통 만들기

단	콧수	색상	설명
1단	6코	아이보리색	짧은뜨기 6코
2단	12코		코늘림 6코
3단	18코		(짧은뜨기 1코, 코늘림 1코)×6번
4-5단	18코		짧은뜨기 18코
6-8단	18코	주황색	짧은뜨기 18코

단	콧수	색상	설명
9-17단	40코		짧은뜨기 40코
18단	40코	아이보리색	짧은뜨기 40코
19-20단	40코	주황색	짧은뜨기 40코
21단	36코	아이보리색	(짧은뜨기 8코, 코줄임 1코)×4번
22-23단	36코	주황색	짧은뜨기 36코
24단	32코	아이보리색	(짧은뜨기 7코, 코줄임 1코)×4번
25단	32코	주황색	짧은뜨기 32코
26단	28코		(짧은뜨기 6코, 코줄임 1코)×4번
27단	28코		짧은뜨기 28코
28단	24코		(짧은뜨기 5코, 코줄임 1코)×4번
29단	24코		짧은뜨기 24코

여기까지 다리 2개를 만들고 몸통을 만들기 시작합니다.

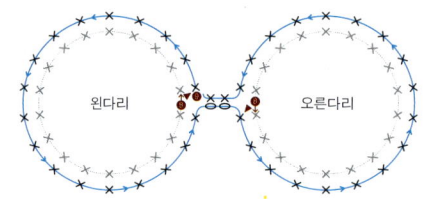

왼다리   오른다리

왼다리: 붉은 화살표를 기준으로
짧은뜨기 18코, 사슬코 2코

오른다리: 붉은 화살표를 기준으로
짧은뜨기 18코, 사슬코 부분에 짧은뜨기 2코

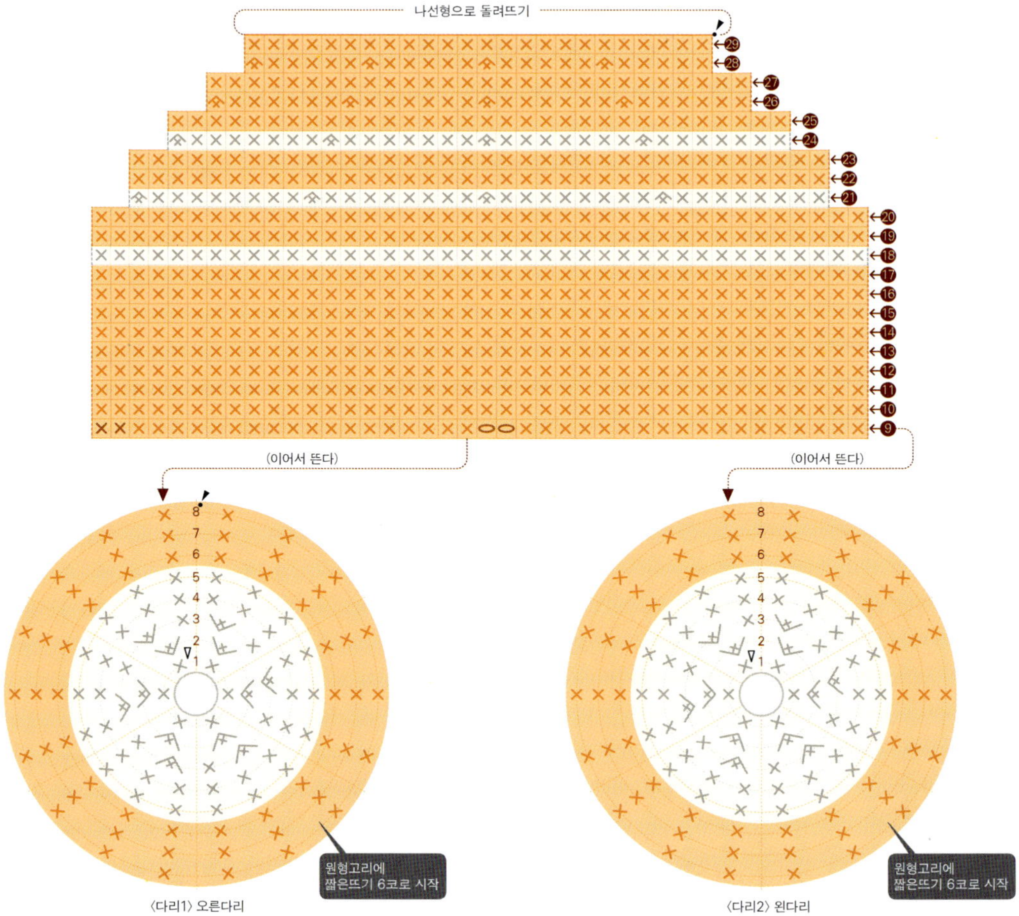

나선형으로 돌려뜨기

(이어서 뜬다)   (이어서 뜬다)

원형고리에
짧은뜨기 6코로 시작

원형고리에
짧은뜨기 6코로 시작

〈다리1〉 오른다리   〈다리2〉 왼다리

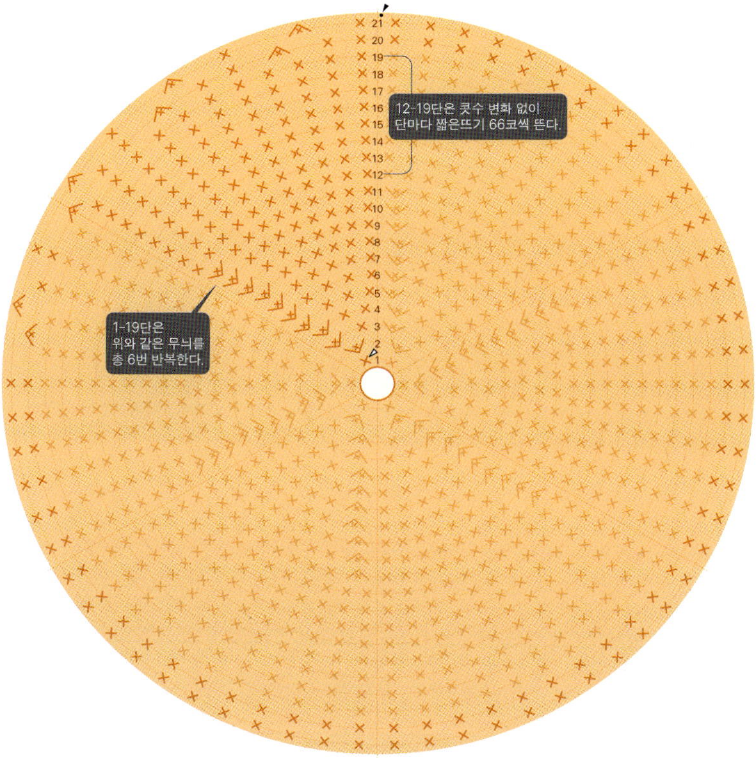

12-19단은 콧수 변화 없이
단마다 짧은뜨기 66코씩 뜬다.

1-19단은
위와 같은 무늬를
총 6번 반복한다.

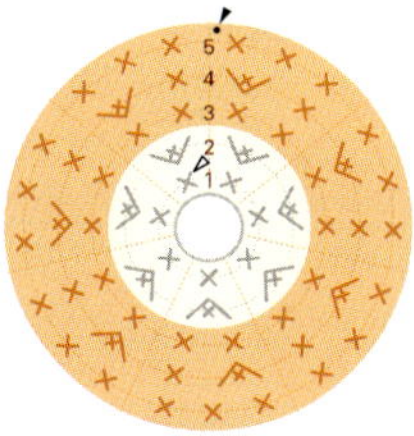

모자 만들기

단	콧수	색상	설명
1단	6코	주황색	짧은뜨기 6코
2단	12코		코늘림 6코
3단	18코		(짧은뜨기 1코, 코늘림 1코)×6번
4단	24코		(짧은뜨기 2코, 코늘림 1코)×6번
5단	30코		(짧은뜨기 3코, 코늘림 1코)×6번
6단	36코		(짧은뜨기 4코, 코늘림 1코)×6번
7단	42코		(짧은뜨기 5코, 코늘림 1코)×6번
8단	48코		(짧은뜨기 6코, 코늘림 1코)×6번
9단	54코		(짧은뜨기 7코, 코늘림 1코)×6번
10단	60코		(짧은뜨기 8코, 코늘림 1코)×6번
11단	66코		(짧은뜨기 9코, 코늘림 1코)×6번
12-19단	66코		짧은뜨기 66코
20단	62코		(짧은뜨기 2코, 코줄임 1코)×4번, 짧은뜨기 50코
21단	58코		(짧은뜨기 1코, 코줄임 1코)×4번, 짧은뜨기 50코

모자 귀 만들기(2개)

단	콧수	색상	설명
1단	7코	아이보리색	짧은뜨기 7코
2단	14코		코늘림 7코
3단	14코	주황색	짧은뜨기 14코
4단	21코		(짧은뜨기 1코, 코늘림 1코)×7번
5단	21코		짧은뜨기 21코

⭐ 조립하기

1. 기본 준비 도안별로 각 부위를 만든 후, 바느질할 실을 20cm 정도 남기고 자릅니다.

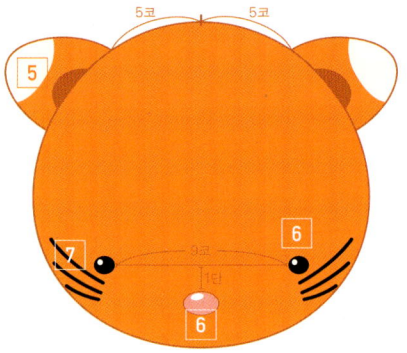

2. 얼굴의 눈, 코
3. 몸통과 모자, 얼굴 연결
4. 몸통과 팔 연결
23쪽의 '인형 몸통과 얼굴의 기본
연결 방법' 참조

5. 모자의 귀
모자의 정수리 부분을 중심으로
같은 단 좌우 5코 떨어진 지점부터
일자로 꿰맵니다.

6. 모자의 눈, 코
모자 끝단에서 6단 위에 와서눈을 끼워
고정합니다. 이때 눈과 눈 사이에 9코를
띄웁니다. 코는 눈에서 1단 아래 정중앙에
답니다.

7. 모자의 수염
눈 양옆에 3코 너비로 3줄을 수놓습니다.

8. 몸통의 꼬리
몸통 뒤편 엉덩이 부분에 원형 모양으로
연결합니다. 이처럼 인형의 특성에 맞게
그림을 참고하여 예쁘게 조립합니다.

9. 마무리 다리 사이에 난 구멍은
감침질로 마무리합니다.

2. 순둥이 곰 폴라

실 색상 흰색, 연노란색, 분홍색, 살색

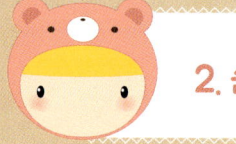

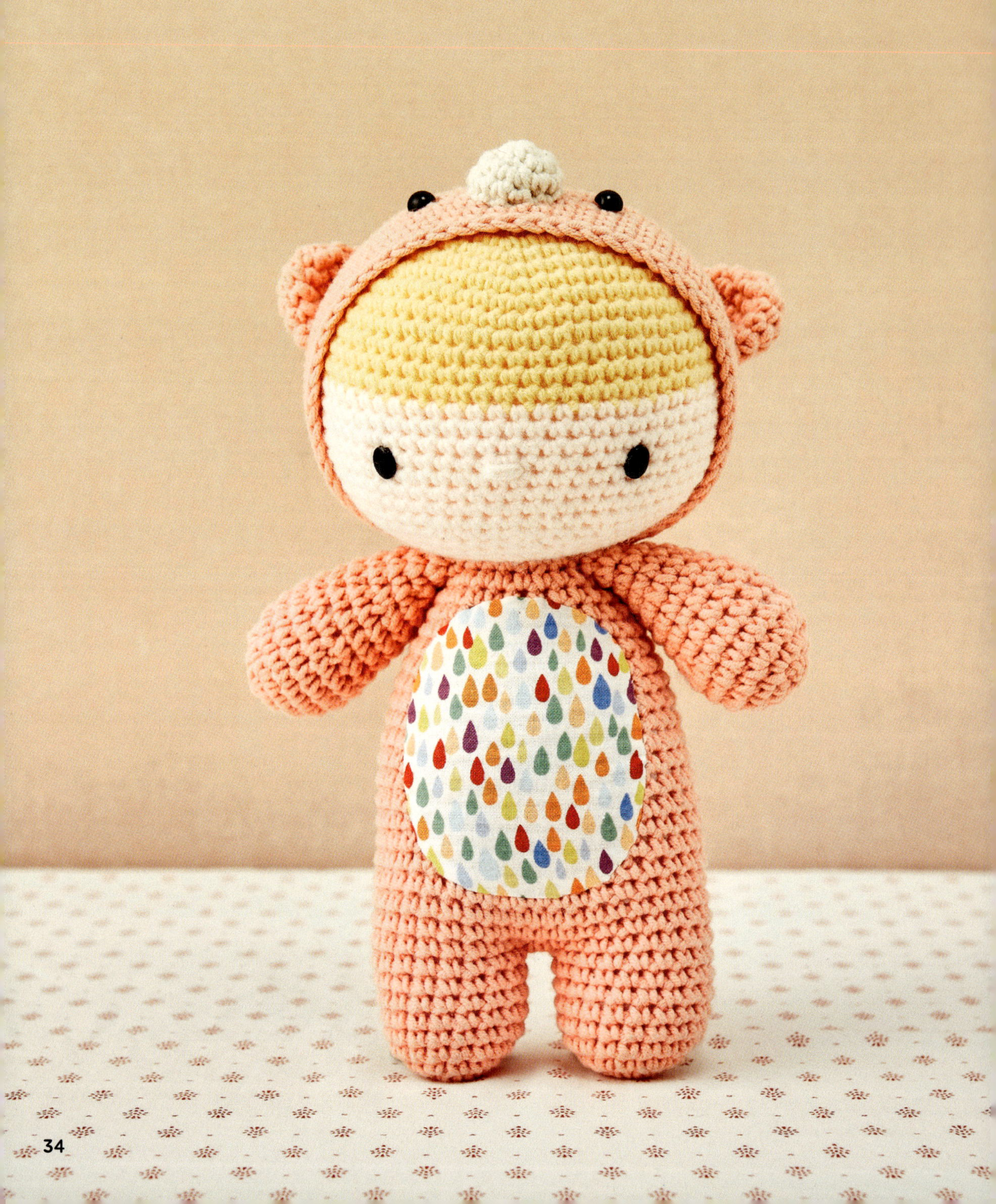

달콤한 낮잠이 제일 좋은
순둥순둥 폴라.
한번 잠들면 누가 업어 가도
모를 정도예요.

TOP

오늘은 햇살이 따뜻하니 느티나무 그늘
아래에서 낮잠을 자야지.

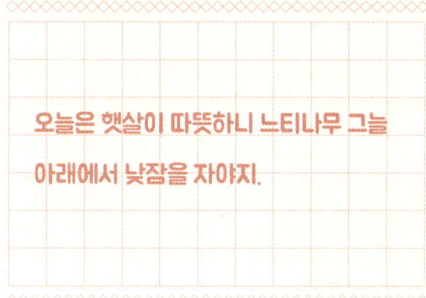

얼굴 만들기 고양이 미코의 얼굴 만들기(28쪽)처럼 뜹니다.

팔 만들기(2개)

단	콧수	색상	설명
1단	6코	분홍색	짧은뜨기 6코
2단	12코		코늘림 6코
3단	18코		(짧은뜨기 1코, 코늘림 1코)×6번
4-6단	18코		짧은뜨기 18코
7단	14코		(짧은뜨기 1코, 코줄임 1코)×4번, 짧은뜨기 6코
8-9단	14코		짧은뜨기 14코
10단	12코		(짧은뜨기 2코, 코줄임 1코)×2번, 짧은뜨기 6코
11단	12코		짧은뜨기 12코
12단	10코		(짧은뜨기 1코, 코줄임 1코)×2번, 짧은뜨기 6코
13단	10코		짧은뜨기 10코

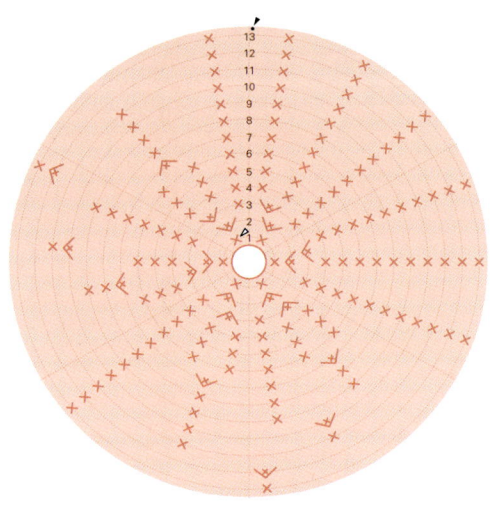

꼬리 만들기

단	콧수	색상	설명
1단	6코	분홍색	짧은뜨기 6코
2단	12코		코늘림 6코
3-4단	12코		짧은뜨기 12코
5단	6코		코줄임 6코

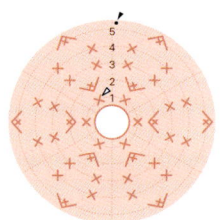

모자 코 만들기

단	콧수	색상	설명
1단	6코	흰색	짧은뜨기 6코
2단	12코		코늘림 6코
3-4단	12코		짧은뜨기 12코

모자 만들기

단	콧수	색상	설명
1단	6코	분홍색	짧은뜨기 6코
2단	12코		코늘림 6코
3단	18코		(짧은뜨기 1코, 코늘림 1코)×6번
4단	24코		(짧은뜨기 2코, 코늘림 1코)×6번
5단	30코		(짧은뜨기 3코, 코늘림 1코)×6번
6단	36코		(짧은뜨기 4코, 코늘림 1코)×6번
7단	42코		(짧은뜨기 5코, 코늘림 1코)×6번
8단	48코		(짧은뜨기 6코, 코늘림 1코)×6번
9단	54코		(짧은뜨기 7코, 코늘림 1코)×6번
10단	60코		(짧은뜨기 8코, 코늘림 1코)×6번
11단	66코		(짧은뜨기 9코, 코늘림 1코)×6번
12-19단	66코		짧은뜨기 66코
20단	62코		(짧은뜨기 2코, 코줄임 1코)×4번, 짧은뜨기 50코
21단	58코		(짧은뜨기 1코, 코줄임 1코)×4번, 짧은뜨기 50코

모자 귀 만들기(2개)

단	콧수	색상	설명
1단	6코	분홍색	짧은뜨기 6코
2단	12코		코늘림 6코
3단	12코		짧은뜨기 12코
4단	18코		(짧은뜨기 1코, 코늘림 1코)×6번
5-6단	18코		짧은뜨기 18코

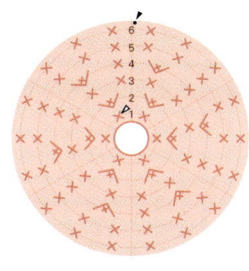

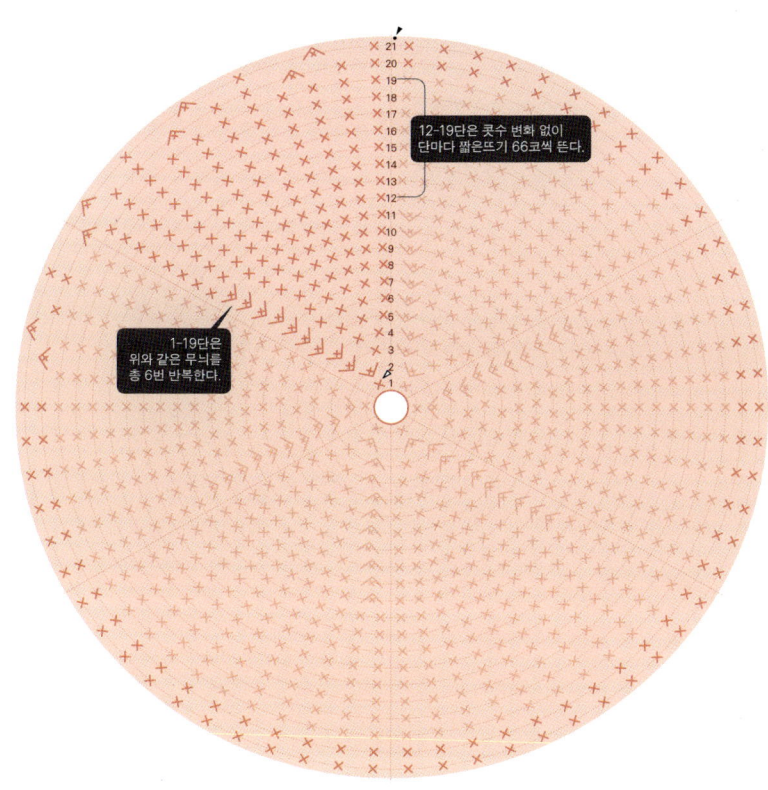

12-19단은 콧수 변화 없이
단마다 짧은뜨기 66코씩 뜬다.

1-19단은
위와 같은 무늬를
총 6번 반복한다.

다리 및 몸통 만들기

단	콧수	색상	설명
1단	6코	분홍색	짧은뜨기 6코
2단	12코		코늘림 6코
3단	18코		(짧은뜨기 1코, 코늘림 1코)×6번
4-8단	18코		짧은뜨기 18코

여기까지 다리 2개를 만들고 몸통을 만들기 시작합니다.

9-20단	40코	짧은뜨기 40코
21단	36코	(짧은뜨기 8코, 코줄임 1코)×4번
22-23단	36코	짧은뜨기 36코
24단	32코	(짧은뜨기 7코, 코줄임 1코)×4번
25단	32코	짧은뜨기 32코
26단	28코	(짧은뜨기 6코, 코줄임 1코)×4번
27단	28코	짧은뜨기 28코
28단	24코	(짧은뜨기 5코, 코줄임 1코)×4번
29단	24코	짧은뜨기 24코

왼다리: 붉은 화살표를 기준으로 짧은뜨기 18코, 사슬코 2코
오른다리: 붉은 화살표를 기준으로 짧은뜨기 18코, 사슬코 부분에 짧은뜨기 2코

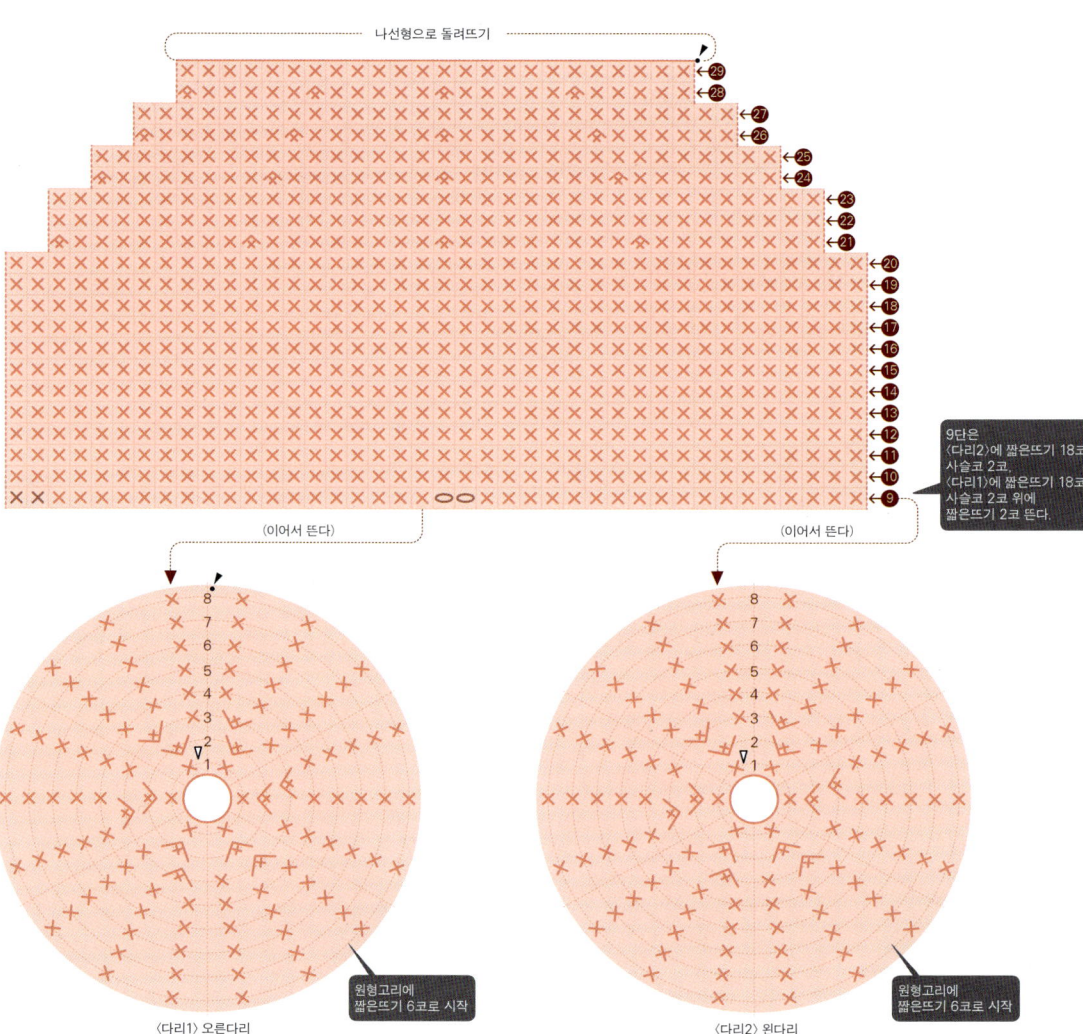

9단은
〈다리2〉에 짧은뜨기 18코,
사슬코 2코,
〈다리1〉에 짧은뜨기 18코 위에
사슬코 2코 위에
짧은뜨기 2코 뜬다.

원형고리에
짧은뜨기 6코로 시작

원형고리에
짧은뜨기 6코로 시작

〈다리1〉 오른다리　　　　　〈다리2〉 왼다리

⭐ 조립하기

1. 기본 준비 도안별로 각 부위를 만든 후, 바느질할 실을 20cm 정도 남기고 자릅니다.

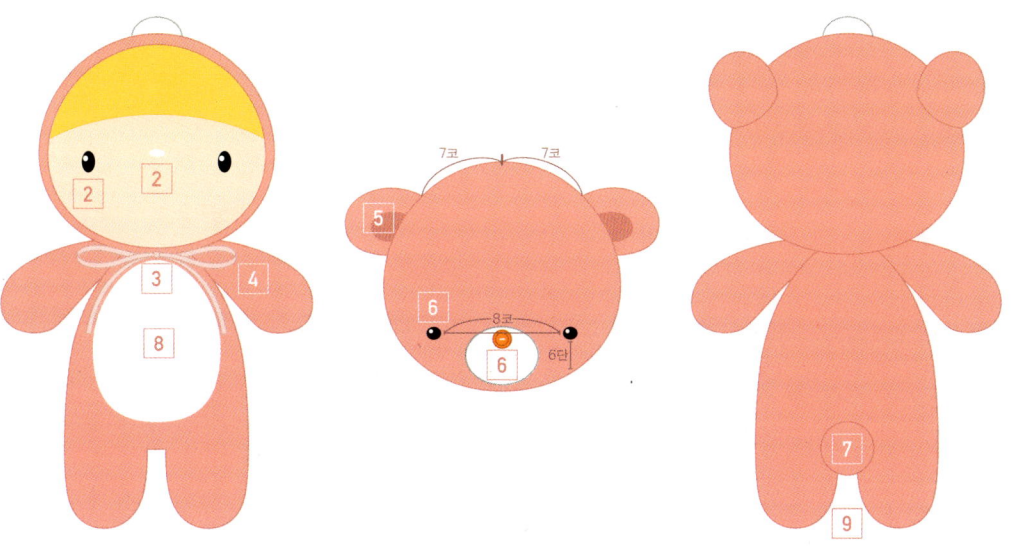

2. 얼굴의 눈, 코
3. 몸통과 모자, 얼굴 연결
4. 몸통과 팔 연결
8. 원단 덧대기
23쪽의 '인형 몸통과 얼굴의 기본 연결 방법' 참조

5. 모자의 귀 모자의 정수리 부분을 중심으로 같은 단 좌우 7코 떨어진 지점부터 일자로 꿰맵니다.

6. 모자의 눈, 코 모자 끝단에서 6단 위에 단추눈을 고정합니다. 이때 눈과 눈 사이에 8코를 띄웁니다. 코는 모자 끝단에서 1단 위, 눈과 눈 사이 정중앙에 답니다. 단추는 코 중앙에서 위쪽으로 답니다.

7. 몸통의 꼬리 몸통 뒤편 엉덩이 부분에 원형 모양으로 연결합니다.

9. 마무리 다리 사이에 난 구멍은 감침질로 마무리합니다.

3. 모험가 기린 랄프

실 색상 아이보리색, 연노란색, 주황색, 살색

BACK

구름을 보면 구름 너머에 무엇이
있는지 보러 가고 싶은 랄프.
어느 날 문득 모험을 떠나는
씩씩한 모험가예요.

TOP

저 구름 너머에는 분명
푸른 바다가 기다리고 있겠지?
지금 바로 떠나야겠어!

얼굴 만들기 고양이 미코의 얼굴 만들기(28쪽)처럼 뜹니다.

팔 만들기(2개)

단	콧수	색상	설명
1단	6코	아이보리색	짧은뜨기 6코
2단	12코		코늘림 6코
3단	18코		(짧은뜨기 1코, 코늘림 1코)×6번
4단	18코		짧은뜨기 18코
5-6단	18코	주황색	짧은뜨기 18코
7단	14코		(짧은뜨기 1코, 코줄임 1코)×4번, 짧은뜨기 6코
8-9단	14코		짧은뜨기 14코
10단	12코		(짧은뜨기 2코, 코줄임 1코)×2번, 짧은뜨기 6코
11단	12코		짧은뜨기 12코
12단	10코		(짧은뜨기 1코, 코줄임 1코)×2번, 짧은뜨기 6코
13단	10코		짧은뜨기 10코

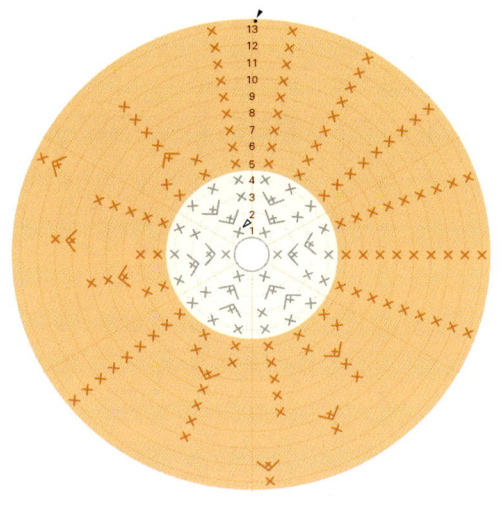

모자 뿔 만들기(2개)

단	콧수	색상	설명
1단	6코	아이보리색	짧은뜨기 6코
2단	12코		코늘림 6코
3단	12코		짧은뜨기 12코
4단	6코		코줄임 6코
5-8단	6코		짧은뜨기 6코

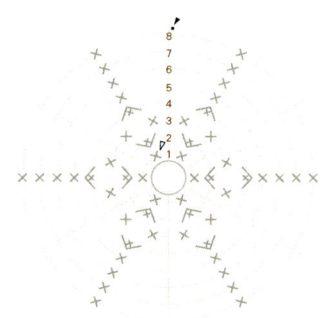

모자 코 만들기

단	콧수	색상	설명
1단	6코	아이보리색	짧은뜨기 6코
2단	12코		코늘림 6코
3단	18코		(짧은뜨기 1코, 코늘림 1코)×6번
4단	18코		짧은뜨기 18코

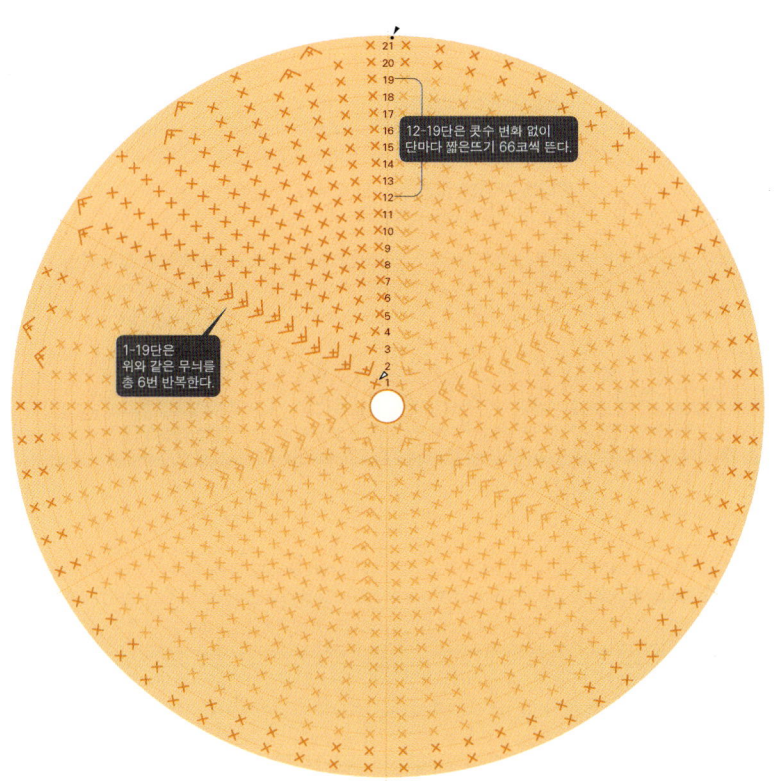

12-19단은 콧수 변화 없이
단마다 짧은뜨기 66코씩 뜬다.

1-19단은
위와 같은 무늬를
총 6번 반복한다.

모자 만들기

단	콧수	색상	설명
1단	6코	주황색	짧은뜨기 6코
2단	12코		코늘림 6코
3단	18코		(짧은뜨기 1코, 코늘림 1코)×6번
4단	24코		(짧은뜨기 2코, 코늘림 1코)×6번
5단	30코		(짧은뜨기 3코, 코늘림 1코)×6번
6단	36코		(짧은뜨기 4코, 코늘림 1코)×6번
7단	42코		(짧은뜨기 5코, 코늘림 1코)×6번
8단	48코		(짧은뜨기 6코, 코늘림 1코)×6번
9단	54코		(짧은뜨기 7코, 코늘림 1코)×6번
10단	60코		(짧은뜨기 8코, 코늘림 1코)×6번
11단	66코		(짧은뜨기 9코, 코늘림 1코)×6번
12-19단	66코		짧은뜨기 66코
20단	62코		(짧은뜨기 2코, 코줄임 1코)×4번, 짧은뜨기 50코
21단	58코		(짧은뜨기 1코, 코줄임 1코)×4번, 짧은뜨기 50코

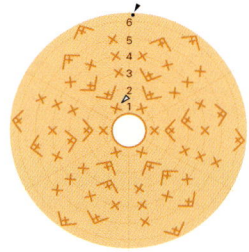

모자 귀 만들기(2개)

단	콧수	색상	설명
1단	6코	주황색	짧은뜨기 6코
2단	12코		코늘림 6코
3단	18코		(짧은뜨기 1코, 코늘림 1코)×6번
4단	18코		짧은뜨기 18코
5단	12코		(짧은뜨기 1코, 코줄임 1코)×6번
6단	6코		코줄임 6코

다리 및 몸통 만들기

단	콧수	색상	설명
1단	6코	아이보리색	짧은뜨기 6코
2단	12코		코늘림 6코
3단	18코		(짧은뜨기 1코, 코늘림 1코)×6번
4-5단	18코		짧은뜨기 18코
6-7단	18코	주황색	짧은뜨기 18코
8단	18코	연노란색	짧은뜨기 18코

여기까지 다리 2개를 만들고 몸통을 만들기 시작합니다.

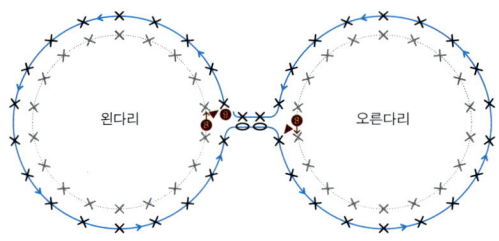

왼다리: 붉은 화살표를 기준으로 짧은뜨기 18코, 사슬코 2코
오른다리: 붉은 화살표를 기준으로 짧은뜨기 18코, 사슬코 부분에 짧은뜨기 2코

9-10단	40코	주황색	짧은뜨기 40코
11단	40코	연노란색	짧은뜨기 40코
12-13단	40코	주황색	짧은뜨기 40코
14단	40코	연노란색	짧은뜨기 40코
15-16단	40코	주황색	짧은뜨기 40코
17단	40코	연노란색	짧은뜨기 40코
18-19단	40코	주황색	짧은뜨기 40코
20단	40코	연노란색	짧은뜨기 40코
21단	36코	주황색	(짧은뜨기 8코, 코줄임 1코)×4번
22단	36코		짧은뜨기 36코
23단	36코	연노란색	짧은뜨기 36코
24단	32코	주황색	(짧은뜨기 7코, 코줄임 1코)×4번
25단	32코		짧은뜨기 32코
26단	28코	연노란색	(짧은뜨기 6코, 코줄임 1코)×4번
27단	28코	주황색	짧은뜨기 28코
28단	24코		(짧은뜨기 5코, 코줄임 1코)×4번
29단	24코	연노란색	짧은뜨기 24코

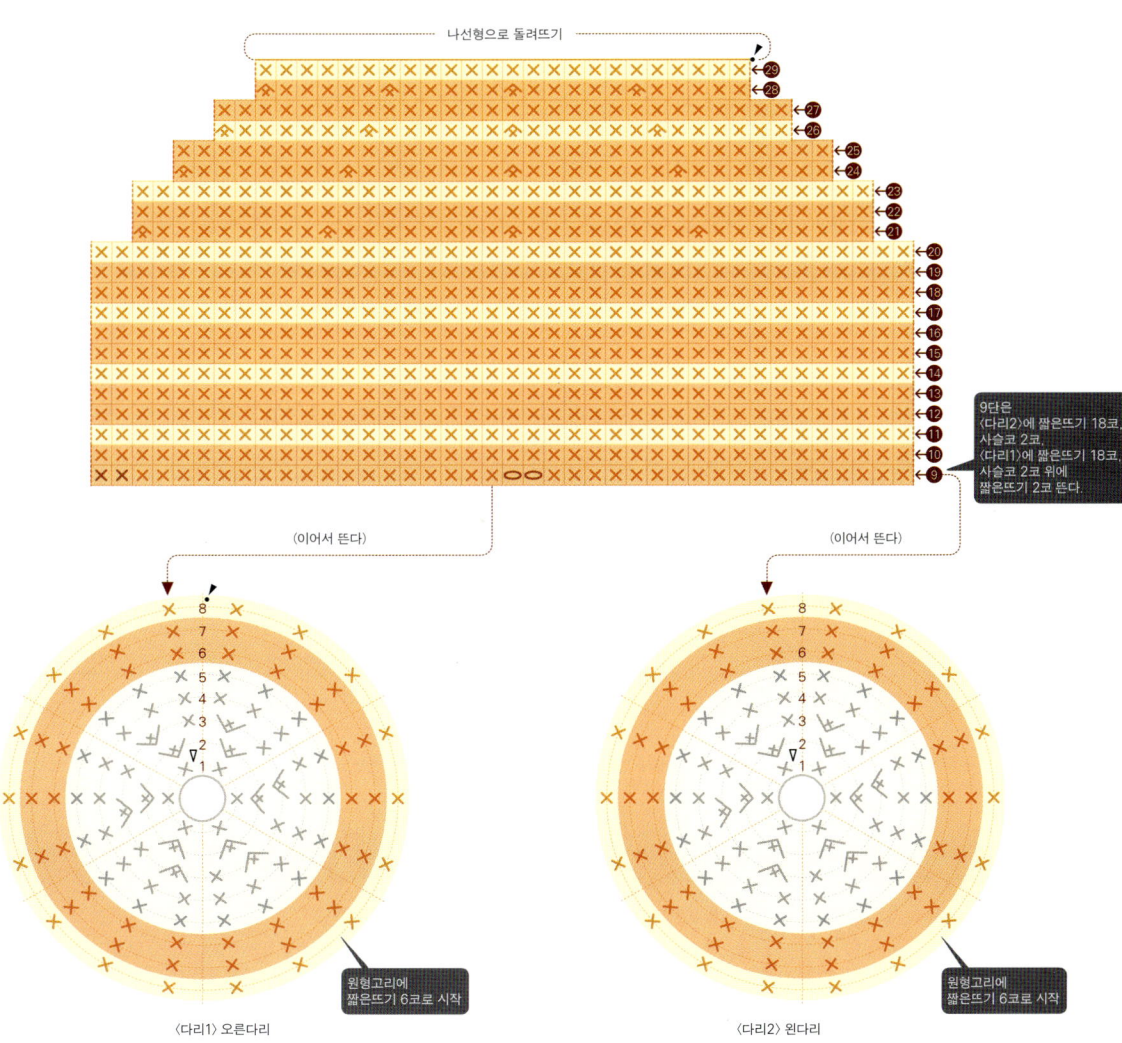

나선형으로 돌려뜨기

29
28
27
26
25
24
23
22
21
20
19
18
17
16
15
14
13
12
11
10
9

9단은
<다리2>에 짧은뜨기 18코,
사슬코 2코,
<다리1>에 짧은뜨기 18코,
사슬코 2코 위에
짧은뜨기 2코 뜬다.

(이어서 뜬다)

(이어서 뜬다)

8
7
6
5
4
3
2
1

8
7
6
5
4
3
2
1

원형고리에
짧은뜨기 6코로 시작

원형고리에
짧은뜨기 6코로 시작

<다리1> 오른다리

<다리2> 왼다리

 **조립하기**

1. 기본 준비 도안별로 각 부위를 만든 후, 바느질할 실을 20cm 정도 남기고 자릅니다.

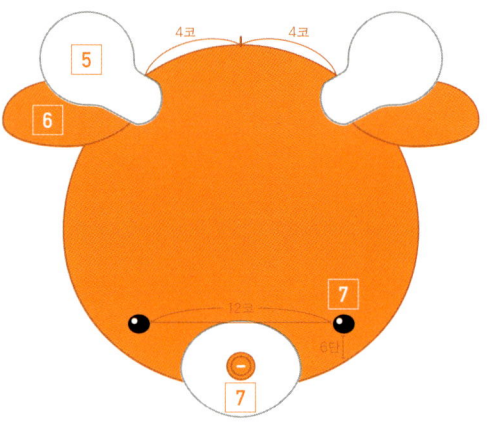

2. 얼굴의 눈, 코
3. 몸통과 모자, 얼굴 연결
4. 몸통과 팔 연결
23쪽의 '인형 몸통과 얼굴의 기본
연결 방법' 참조

5. 모자의 뽈
모자의 정수리 부분을 중심으로
같은 단 좌우 4코 떨어진 지점부터
원형으로 꿰맵니다.

6. 모자의 귀
끝을 감침질로 오므린 후, 뽈 바로
아래에 답니다.

7. 모자의 눈, 코
모자 끝단에서 6단 위에 단추눈을
고정합니다. 이때 눈과 눈 사이에 12코를
띄웁니다. 코는 눈과 눈 사이 정중앙에
답니다. 단추는 코 중앙에서 위쪽으로 답니다.

8. 마무리 이처럼 인형의 특성에 맞게
그림을 참고하여 예쁘게 조립합니다.
다리 사이에 난 구멍은 감침질로 마무리합니다.

4. 먹보 꿀벌 허니비

실 색상 아이보리색, 연노란색, 주황색, 밤색, 살색

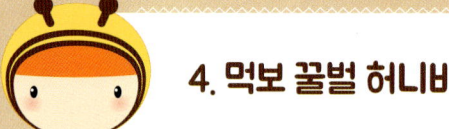

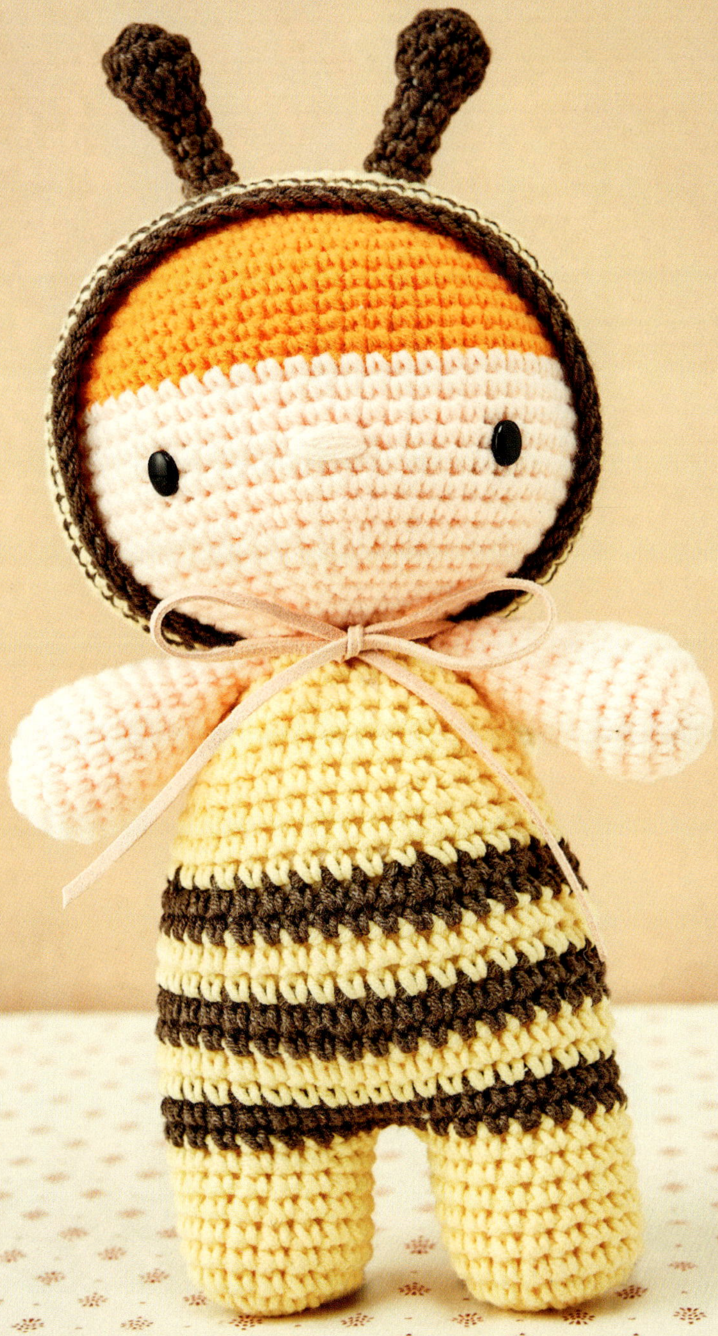

BACK

온 동네를 돌며 달콤한 디저트를
모으는 것이 일상인 허니비.
오늘도 맛있는 케이크를 들고
누군가의 낮잠을
방해하러 가나 봐요.

SIDE

오늘 케이크도 정말 맛있었어!
이제 나도 눈 좀 붙여 볼까?

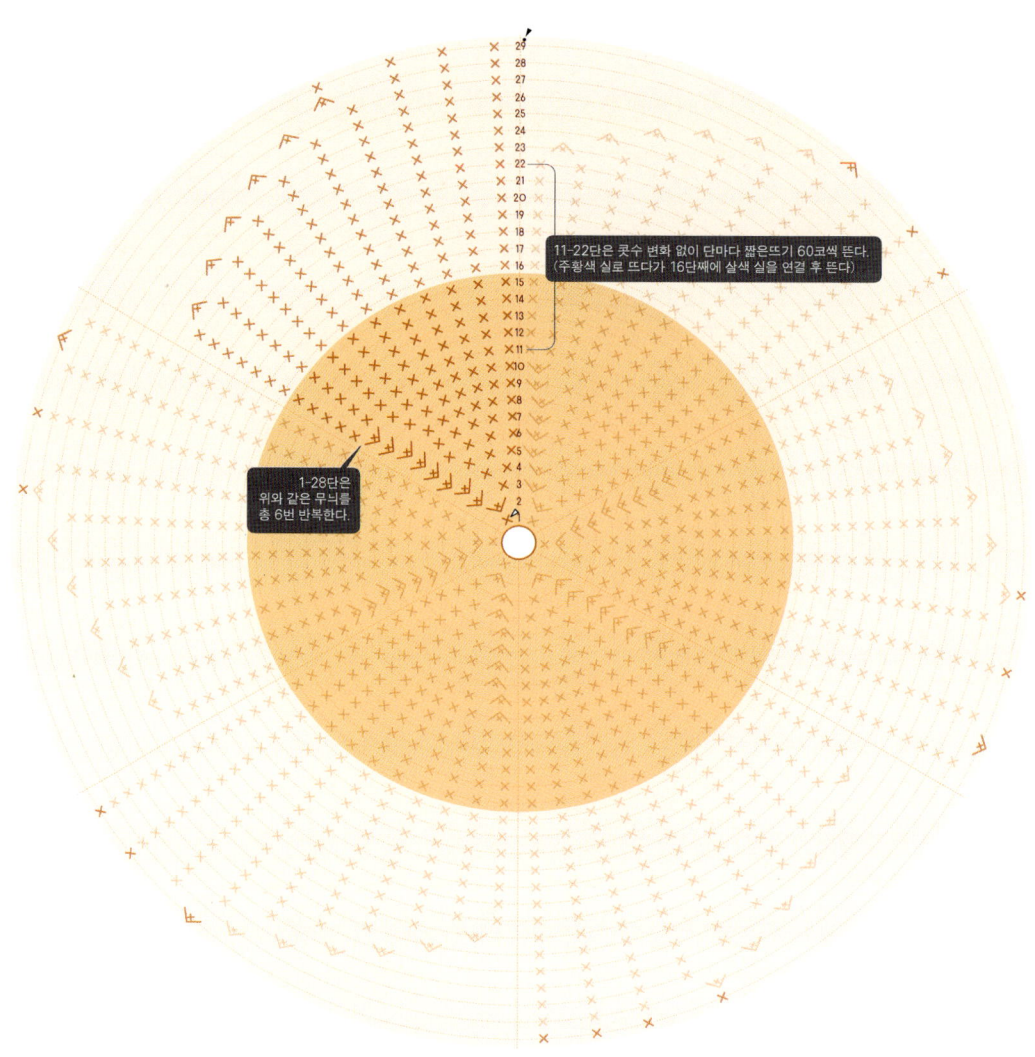

11-22단은 콧수 변화 없이 단마다 짧은뜨기 60코씩 뜬다.
〈주황색 실로 뜨다가 16단째에 살색 실을 연결 후 뜬다〉

1-28단은
위와 같은 무늬를
총 6번 반복한다.

얼굴 만들기

단	콧수	색상	설명
1단	6코	주황색	짧은뜨기 6코
2단	12코		코늘림 6코
3단	18코		(짧은뜨기 1코, 코늘림 1코)×6번
4단	24코		(짧은뜨기 2코, 코늘림 1코)×6번
5단	30코		(짧은뜨기 3코, 코늘림 1코)×6번
6단	36코		(짧은뜨기 4코, 코늘림 1코)×6번
7단	42코		(짧은뜨기 5코, 코늘림 1코)×6번
8단	48코		(짧은뜨기 6코, 코늘림 1코)×6번
9단	54코		(짧은뜨기 7코, 코늘림 1코)×6번

단	콧수	색상	설명
10단	60코		(짧은뜨기 8코, 코늘림 1코)×6번
11-15단	60코		짧은뜨기 60코
16-22단	60코	살색	짧은뜨기 60코
23단	54코		(짧은뜨기 8코, 코줄임 1코)×6번
24단	48코		(짧은뜨기 7코, 코줄임 1코)×6번
25단	42코		(짧은뜨기 6코, 코줄임 1코)×6번
26단	36코		(짧은뜨기 5코, 코줄임 1코)×6번
27단	30코		(짧은뜨기 4코, 코줄임 1코)×6번
28단	24코		(짧은뜨기 3코, 코줄임 1코)×6번
29단	20코		(짧은뜨기 4코, 코줄임 1코)×4번

팔 만들기(2개)

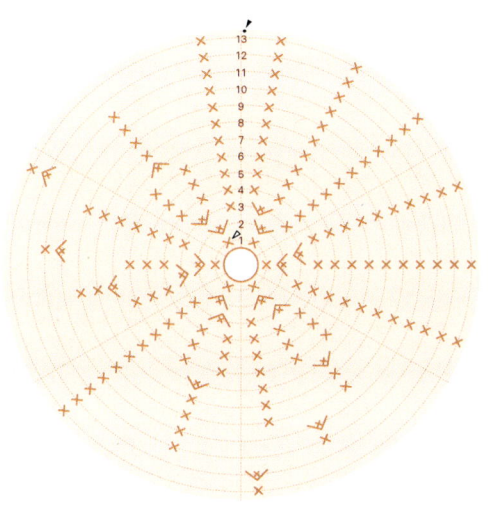

단	콧수	색상	설명
1단	6코	살색	짧은뜨기 6코
2단	12코		코늘림 6코
3단	18코		(짧은뜨기 1코, 코늘림 1코)×6번
4-6단	18코		짧은뜨기 18코
7단	14코		(짧은뜨기 1코, 코줄임 1코)×4번, 짧은뜨기 6코
8-9단	14코		짧은뜨기 14코
10단	12코		(짧은뜨기 2코, 코줄임 1코)×2번, 짧은뜨기 6코
11단	12코		짧은뜨기 12코
12단	10코		(짧은뜨기 1코, 코줄임 1코)×2번, 짧은뜨기 6코
13단	10코		짧은뜨기 10코

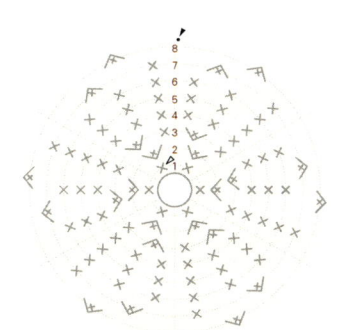

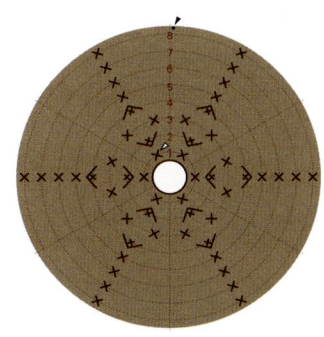

날개 만들기(2개)

단	콧수	색상	설명
1단	6코	아이보리색	짧은뜨기 6코
2단	12코		코늘림 6코
3단	18코		(짧은뜨기 1코, 코늘림 1코)×6번
4-6단	18코		짧은뜨기 18코
7단	12코		(짧은뜨기 1코, 코줄임 1코)×6번
8단	6코		코줄임 6코

모자 더듬이 만들기(2개)

단	콧수	색상	설명
1단	6코	밤색	짧은뜨기 6코
2단	12코		코늘림 6코
3단	12코		짧은뜨기 12코
4단	6코		코줄임 6코
5-8단	6코		짧은뜨기 6코

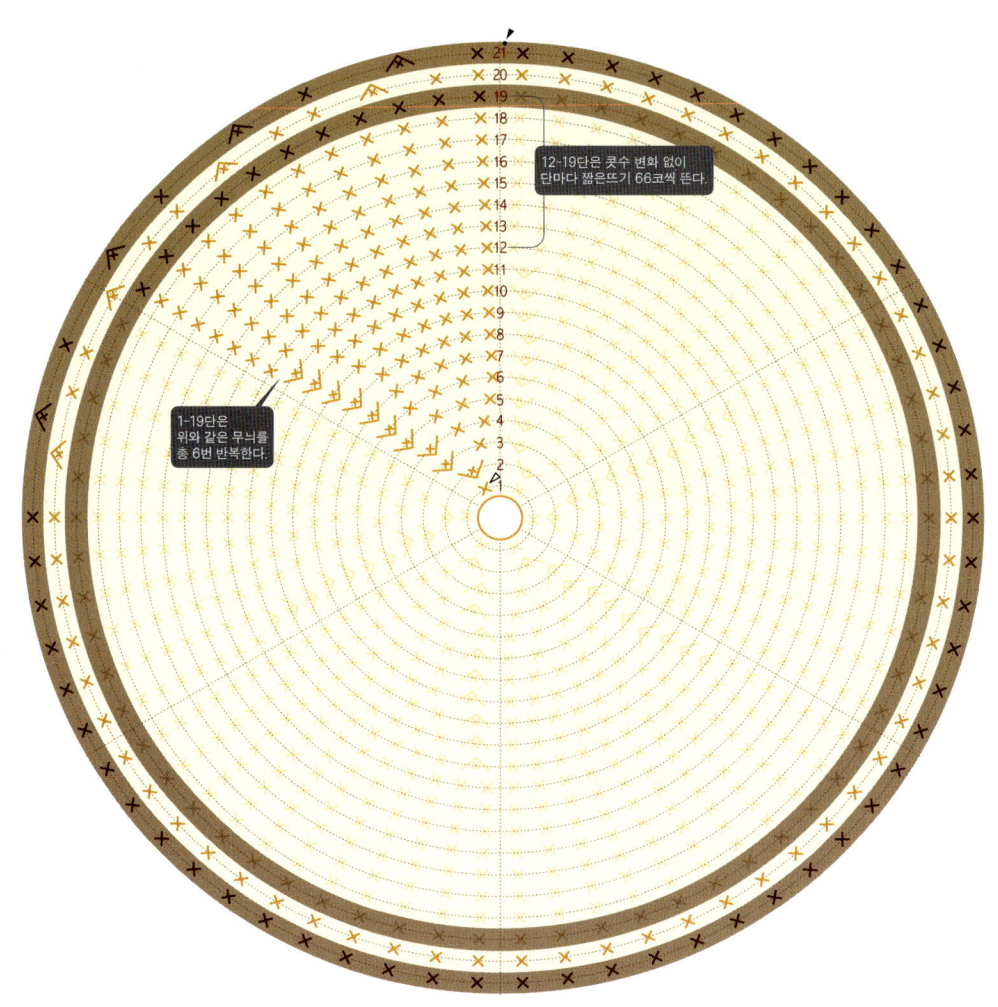

모자 만들기

단	콧수	색상	설명
1단	6코	연노란색	짧은뜨기 6코
2단	12코		코늘림 6코
3단	18코		(짧은뜨기 1코, 코늘림 1코)×6번
4단	24코		(짧은뜨기 2코, 코늘림 1코)×6번
5단	30코		(짧은뜨기 3코, 코늘림 1코)×6번
6단	36코		(짧은뜨기 4코, 코늘림 1코)×6번
7단	42코		(짧은뜨기 5코, 코늘림 1코)×6번
8단	48코		(짧은뜨기 6코, 코늘림 1코)×6번
9단	54코		(짧은뜨기 7코, 코늘림 1코)×6번
10단	60코		(짧은뜨기 8코, 코늘림 1코)×6번
11단	66코		(짧은뜨기 9코, 코늘림 1코)×6번
12-18단	66코		짧은뜨기 66코
19단	66코	밤색	짧은뜨기 66코
20단	62코	연노란색	(짧은뜨기 2코, 코줄임 1코)×4번, 짧은뜨기 50코
21단	58코	밤색	(짧은뜨기 2코, 코줄임 1코)×4번, 짧은뜨기 50코

다리 및 몸통 만들기

단	콧수	색상	설명
1단	6코	연노란색	짧은뜨기 6코
2단	12코		코늘림 6코
3단	18코		(짧은뜨기 1코, 코늘림 1코)×6번
4-5단	18코		짧은뜨기 18코
6-7단	18코		짧은뜨기 18코
8단	18코		짧은뜨기 18코

단	콧수	색상	설명
9-10단	40코	밤색	짧은뜨기 40코
11-12단	40코	연노란색	짧은뜨기 40코
13-14단	40코	밤색	짧은뜨기 40코
15-16단	40코	연노란색	짧은뜨기 40코
17-18단	40코	밤색	짧은뜨기 40코
19-20단	40코	연노란색	짧은뜨기 40코
21단	36코		(짧은뜨기 8코, 코줄임 1코)×4번
22-23단	36코		짧은뜨기 36코
24단	32코		(짧은뜨기 7코, 코줄임 1코)×4번
25단	32코		짧은뜨기 32코
26단	28코		(짧은뜨기 6코, 코줄임 1코)×4번
27단	28코		짧은뜨기 28코
28단	24코		(짧은뜨기 5코, 코줄임 1코)×4번
29단	24코		짧은뜨기 24코

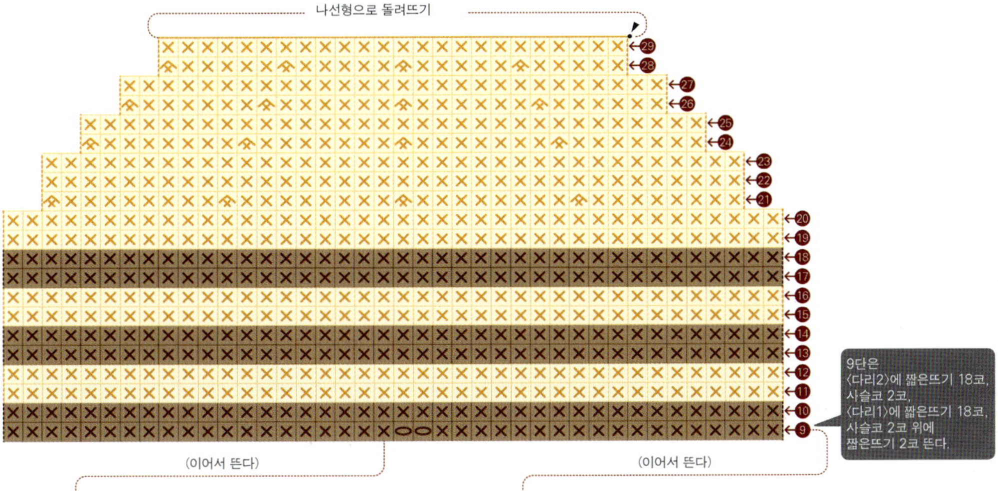

여기까지 다리 2개를 만들고 몸통을 만들기 시작합니다.

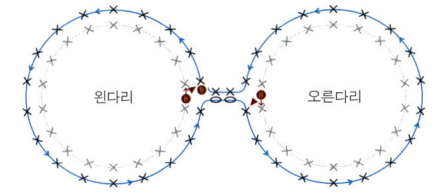

왼다리: 붉은 화살표를 기준으로
짧은뜨기 18코, 사슬코 2코

오른다리: 붉은 화살표를 기준으로
짧은뜨기 18코, 사슬코 부분에 짧은뜨기 2코

나선형으로 돌려뜨기

9단은
〈다리2〉에 짧은뜨기 18코,
사슬코 2코,
〈다리1〉에 짧은뜨기 18코,
사슬코 2코 위에
짧은뜨기 2코 뜬다.

(이어서 뜬다)

(이어서 뜬다)

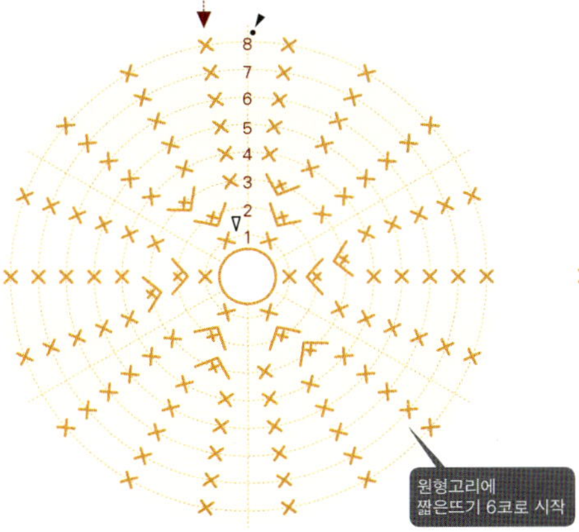

원형고리에
짧은뜨기 6코로 시작

원형고리에
짧은뜨기 6코로 시작

〈다리1〉 오른다리

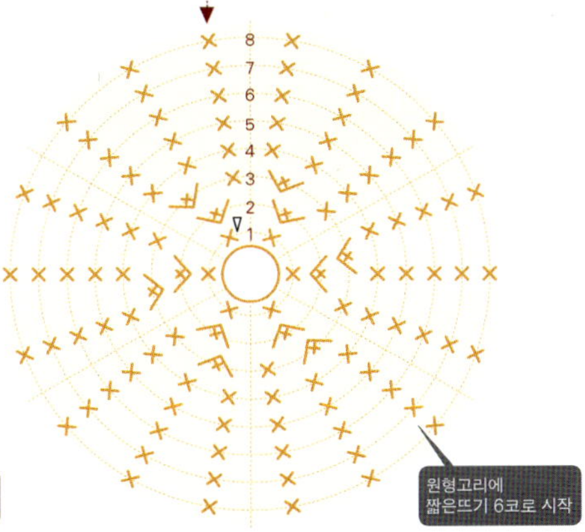

〈다리2〉 왼다리

 **조립하기**

1. 기본 준비 도안별로 각 부위를 만든 후, 바느질할 실을 20cm 정도 남기고 자릅니다.

5. 모자의 더듬이
모자 끝단에서 5단 위에 더듬이 사이를
4코 간격 띄운 후 바느질합니다.

2. 얼굴의 눈, 코
3. 몸통과 모자, 얼굴 연결
4. 몸통과 팔 연결
23쪽의 '인형 몸통과 얼굴의 기본
연결 방법' 참조

6. 몸통의 날개
날개 2개의 끝단을 모아 감침질로 연결한 후,
목에서 3단 아래의 위치의 등 부분에 바느질합니다.
이처럼 인형의 특성에 맞게 그림을 참고하여
예쁘게 조립합니다.

7. 마무리 다리 사이에 난 구멍은
감침질로 마무리합니다.

5. 미식가 돼지 피코

실 색상 아이보리색, 분홍색, 하늘색, 살색

BACK

요리는 하는 것보다
맛보는 것이 더 즐겁다는 피코.
세상의 맛난 음식을 모두
맛보고 싶은 미식가예요.

TOP

언젠가는 맛있는 음식을
맛보기 위한 세계 여행을 떠나야지.
우선 오늘부터 계획을 세워 보자!

얼굴 만들기 고양이 미코의 얼굴 만들기(28쪽)처럼 뜁니다.

팔 만들기(2개)

단	콧수	색상	설명
1단	6코	※주1	짧은뜨기 6코
2단	12코		코늘림 6코
3단	18코		(짧은뜨기 1코, 코늘림 1코)×6번
4단	18코		짧은뜨기 18코
5-6단	18코	분홍색	짧은뜨기 18코
7단	14코		(짧은뜨기 1코, 코줄임 1코)×4번, 짧은뜨기 6코
8-9단	14코		짧은뜨기 14코
10단	12코		(짧은뜨기 2코, 코줄임 1코)×2번, 짧은뜨기 6코
11단	12코		짧은뜨기 12코
12단	10코		(짧은뜨기 1코, 코줄임 1코)×2번, 짧은뜨기 6코
13단	10코		짧은뜨기 10코

※주1: 오른팔의 1-4단은 아이보리색 실로 뜨고, 왼팔의 1-4단은 하늘색
실로 뜬다.

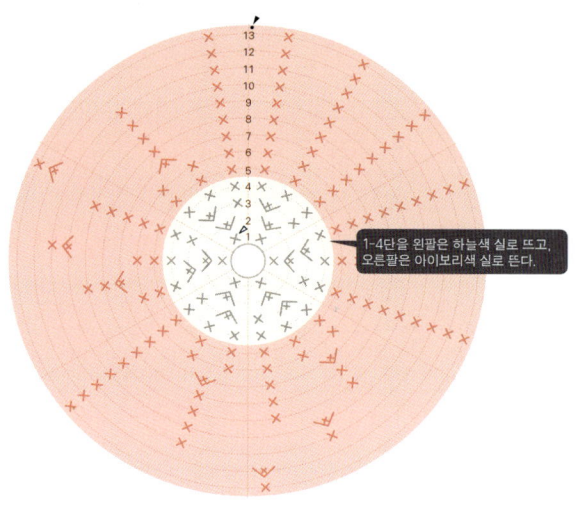

1-4단을 왼팔은 하늘색 실로 뜨고,
오른팔은 아이보리색 실로 뜬다.

날개 만들기(2개)

단	콧수	색상	설명
1단	5코	아이보리색	짧은뜨기 5코
2단	10코		코늘림 10코

여기까지 날개 2개를 만들고 시작합니다.

단	콧수	색상	설명
3단	20코		짧은뜨기 20코
4단	18코		(짧은뜨기 8코, 코줄임 1코)×2번
5단	16코		(짧은뜨기 7코, 코줄임 1코)×2번
6단	14코		(짧은뜨기 6코, 코줄임 1코)×2번
7단	12코		(짧은뜨기 5코, 코줄임 1코)×2번

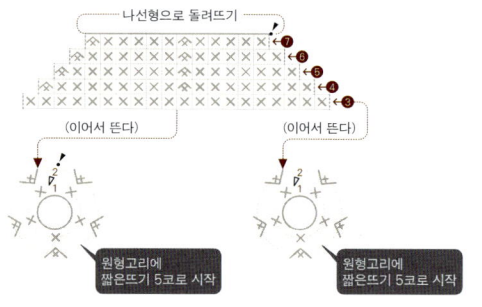

나선형으로 돌려뜨기

(이어서 뜬다)

원형고리에
짧은뜨기 5코로 시작

원형고리에
짧은뜨기 5코로 시작

꼬리 만들기

단	콧수	색상	설명
1단	11코	분홍색	몸통에 빼뜨기로 연결 후 사슬코 11코
2단	20코		2번째 코부터 빼뜨기로 코늘림 10코

사슬뜨기 11코로 시작

58

모자 만들기

단	콧수	색상	설명
1단	6코	분홍색	짧은뜨기 6코
2단	12코		코늘림 6코
3단	18코		(짧은뜨기 1코, 코늘림 1코)×6번
4단	24코		(짧은뜨기 2코, 코늘림 1코)×6번
5단	30코		(짧은뜨기 3코, 코늘림 1코)×6번
6단	36코		(짧은뜨기 4코, 코늘림 1코)×6번
7단	42코		(짧은뜨기 5코, 코늘림 1코)×6번
8단	48코		(짧은뜨기 6코, 코늘림 1코)×6번
9단	54코		(짧은뜨기 7코, 코늘림 1코)×6번
10단	60코		(짧은뜨기 8코, 코늘림 1코)×6번
11단	66코		(짧은뜨기 9코, 코늘림 1코)×6번
12-19단	66코		짧은뜨기 66코
20단	62코		(짧은뜨기 2코, 코줄임 1코)×4번, 짧은뜨기 50코
21단	58코		(짧은뜨기 1코, 코줄임 1코)×4번, 짧은뜨기 50코

모자 귀 만들기(2개)

단	콧수	색상	설명
1단	6코	분홍색	짧은뜨기 6코
2단	12코		코늘림 6코
3-6단	12코		짧은뜨기 12코

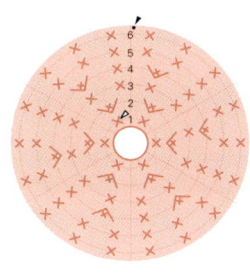

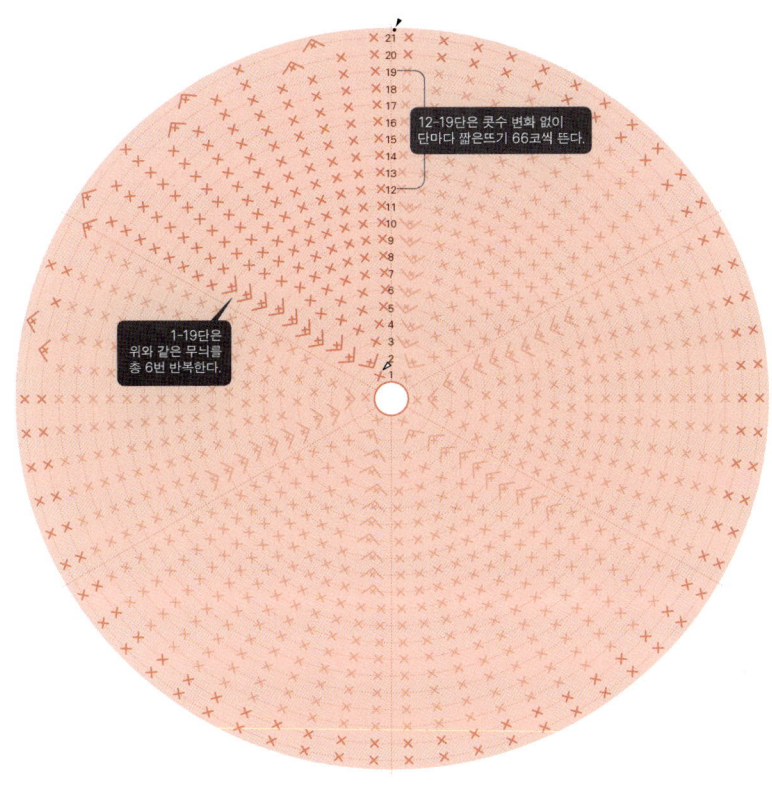

12-19단은 콧수 변화 없이 단마다 짧은뜨기 66코씩 뜬다.

1-19단은 위와 같은 무늬를 총 6번 반복한다.

모자 코 만들기

단	콧수	색상	설명
1단	10코	분홍색	사슬코 5코, 2번째 코에 3코 늘리기, 짧은뜨기 2코, 마지막 코에 3코 늘리기, (반대쪽으로 가서) 짧은뜨기 2코
2단	16코		(코늘림 3코, 짧은뜨기 2코)×2번
3단	22코		{(코늘림 1코, 짧은뜨기 1코)×3번, 짧은뜨기 2코}×2번
4단	28코		{(코늘림 1코, 짧은뜨기 2코)×3번, 짧은뜨기 2코}×2번
5단	34코		{(짧은뜨기 3코, 코늘림 1코)×3번, 짧은뜨기 2코}×2번
6-7단	34코		짧은뜨기 34코

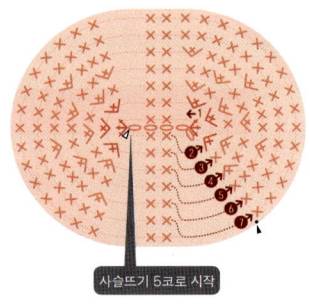

사슬뜨기 5코로 시작

모자 왕관 만들기

단	콧수	색상	설명
1단	12코	노란색	사슬코 12코
2-3단	12코		짧은뜨기 12코
4단	36코		(짧은뜨기 1코, 사슬코 5코)×6번

사슬뜨기 12코로 시작

다리 및 몸통 만들기

단	콧수	색상	설명
1단	6코	아이보리색	짧은뜨기 6코
2단	12코		코늘림 6코
3단	18코		(짧은뜨기 1코, 코늘림 1코)×6번
4단	18코		짧은뜨기 18코
5-8단	18코	분홍색	짧은뜨기 18코

여기까지 다리 2개를 만들고 몸통을 만들기 시작합니다.

단	콧수	색상	설명
9-20단	40코		짧은뜨기 40코
21단	36코		(짧은뜨기 8코, 코줄임 1코)×4번
22-23단	36코		짧은뜨기 36코
24단	32코		(짧은뜨기 7코, 코줄임 1코)×4번
25단	32코		짧은뜨기 32코
26단	28코		(짧은뜨기 6코, 코줄임 1코)×4번
27단	28코		짧은뜨기 28코
28단	24코		(짧은뜨기 5코, 코줄임 1코)×4번
29단	24코		짧은뜨기 24코
30단	20코		(짧은뜨기 4코, 코줄임 1코)×4번

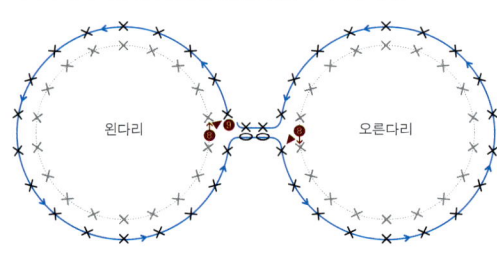

왼다리   오른다리

왼다리: 붉은 화살표를 기준으로 짧은뜨기 18코, 사슬코 2코
오른다리: 붉은 화살표를 기준으로 짧은뜨기 18코,
사슬코 부분에 짧은뜨기 2코

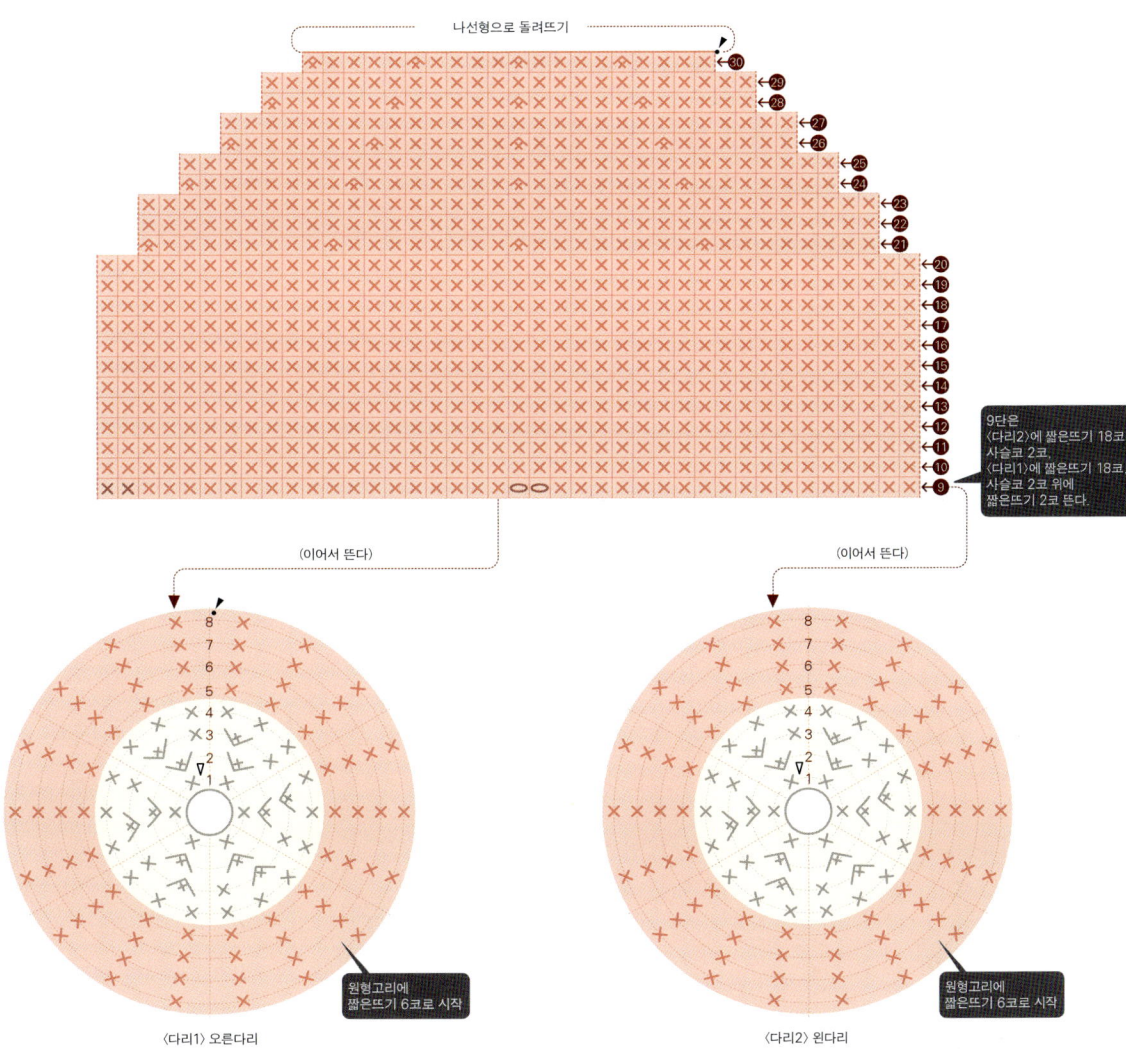

나선형으로 돌려뜨기

9단은
〈다리2〉에 짧은뜨기 18코,
사슬코 2코,
〈다리1〉에 짧은뜨기 18코,
사슬코 2코 위에
짧은뜨기 2코 뜬다.

(이어서 뜬다)

(이어서 뜬다)

원형고리에
짧은뜨기 6코로 시작

원형고리에
짧은뜨기 6코로 시작

〈다리1〉 오른다리

〈다리2〉 왼다리

 **조립하기**

1. 기본 준비 도안별로 각 부위를 만든 후, 바느질할 실을 20cm 정도 남기고 자릅니다.

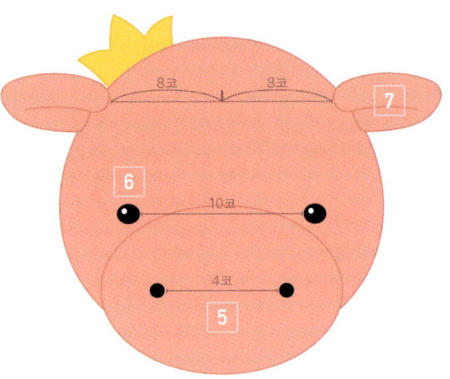

5. 모자의 코
모자 끝단에서 1단 위에
타원 모양으로 감침질하여 붙입니다.
콧구멍 사이 간격 4코를 띄우고 수놓습니다.

6. 모자의 눈
코를 단 후 코의 윗부분 양끝에
단추눈을 고정합니다. 이때 눈과
눈 사이에 10코를 띄웁니다.

7. 모자의 귀
귀를 반으로 접은 후,
모자의 정수리 부분을 중심으로
8코 떨어진 지점부터 감침질로
연결합니다.

2. 얼굴의 눈, 코
3. 몸통과 모자, 얼굴 연결
4. 몸통과 팔 연결
11. 원단 덧대기
23쪽의 '인형 몸통과 얼굴의 기본
연결 방법' 참조

8. 모자의 왕관

귀 안쪽으로 2코 띄운 위치에 감침질로
연결합니다. 위치는 왼쪽 귀쪽에 붙입니다.

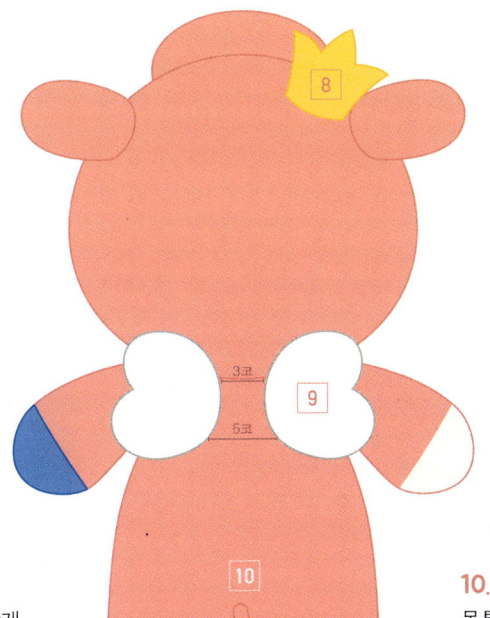

9. 몸통의 날개

날개 2개를 뒷목 끝단에 날개
위쪽이 딱 붙도록 대각선 아래로
비스듬하게 꿰맵니다. 날개와
날개 사이 간격을 위쪽은 3코,
아래쪽은 5코가 되도록 맞춥니다.

10. 몸통의 꼬리

몸통 뒤편 엉덩이 부분에
빼뜨기로 연결한 후, 도안을
참고하여 코바늘로 뜹니다.
이처럼 인형의 특성에 맞게 그림을
참고하여 예쁘게 조립합니다.

12. 마무리 다리 사이에 난 구멍은
감침질로 마무리합니다.

6. 귀염둥이 병아리 마요

실 색상 연노란색, 주황색, 밤색, 살색

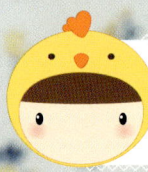

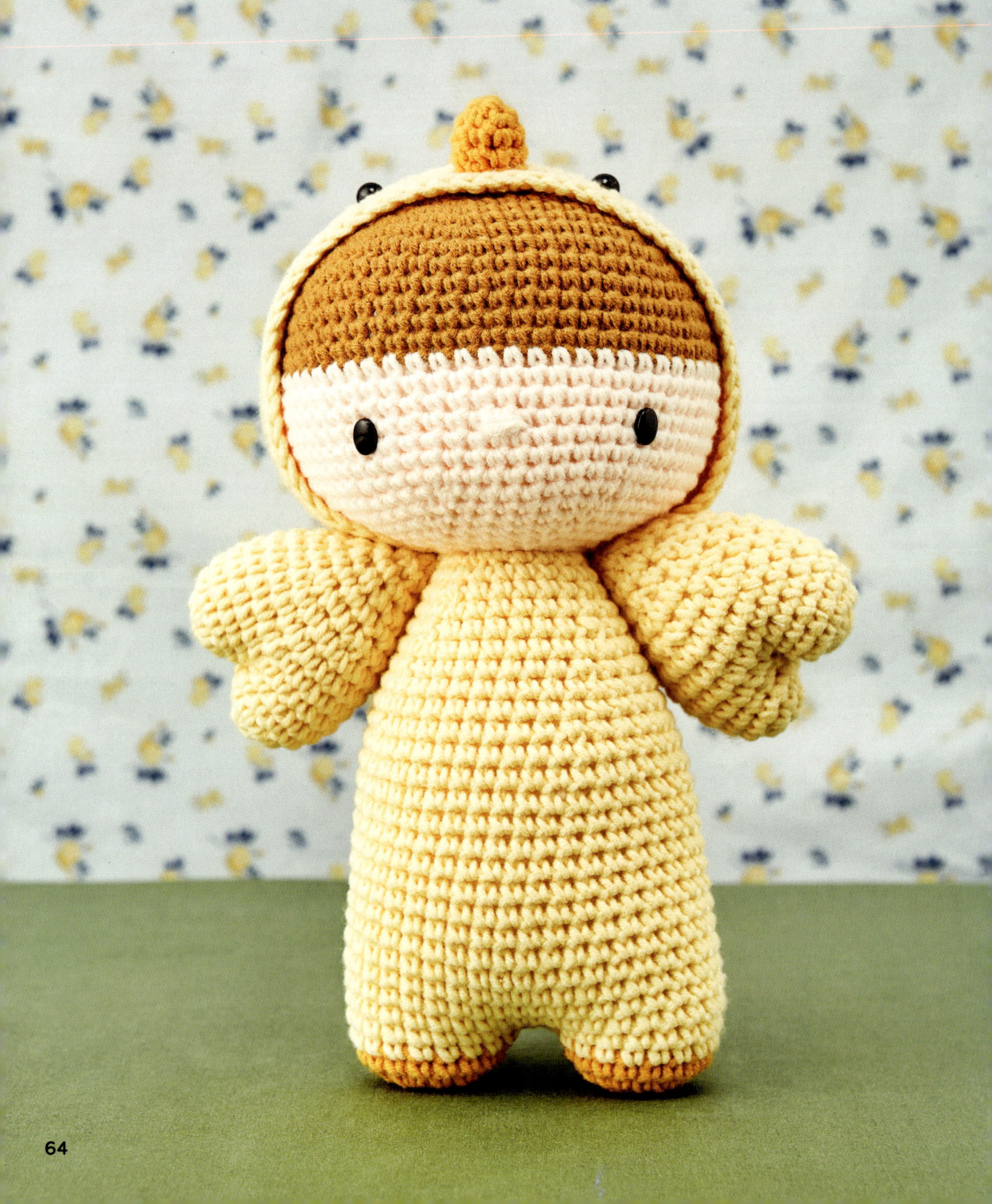

BACK

모두의 사랑을
독차지하고 있는 귀염둥이 마요.
사실 관심 받는 것이
조금 부끄러운 수줍음쟁이예요.

TOP

귀엽다는 애정 표현이
때로는 어떻게 반응해야 할지
모르겠기도 해요.
이런 게 행복한 비명일까요?

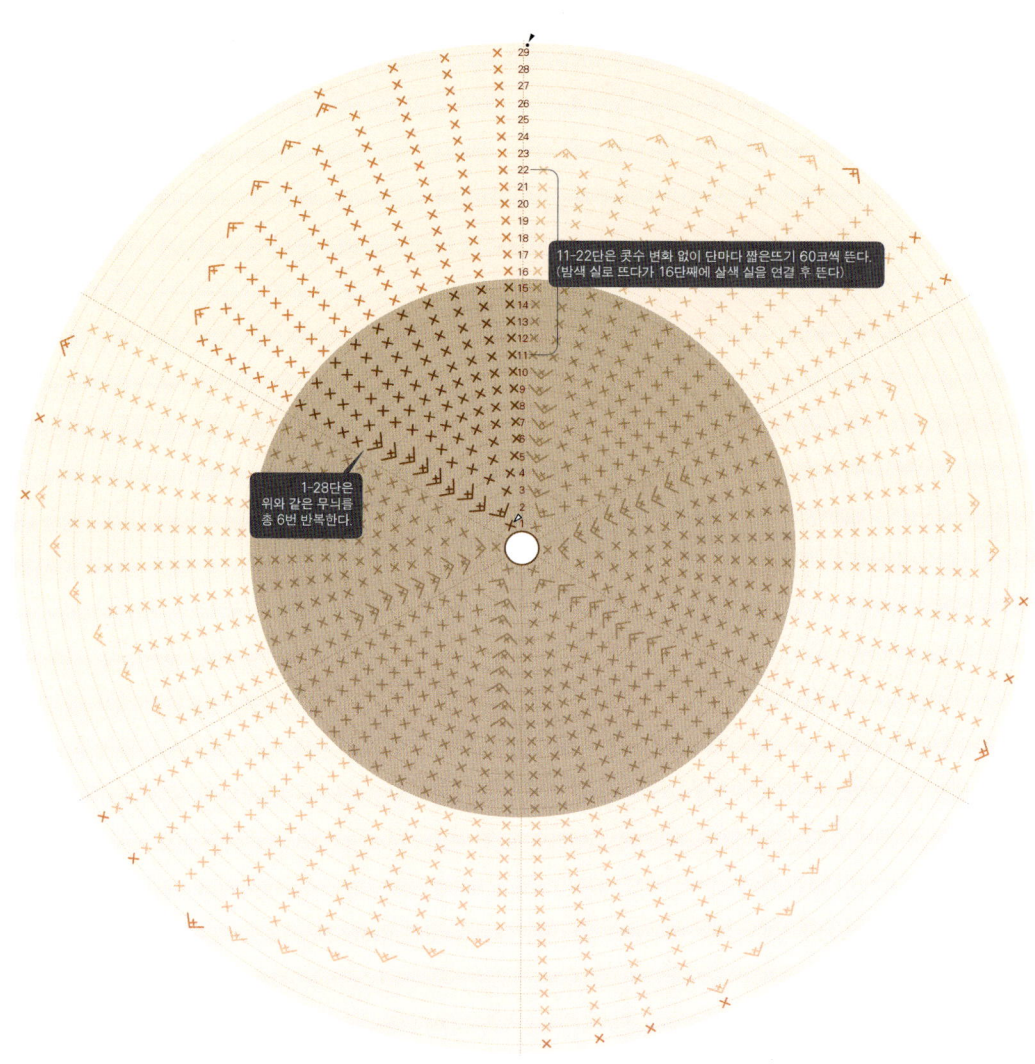

11-22단은 콧수 변화 없이 단마다 짧은뜨기 60코씩 뜬다.
(밤색 실로 뜨다가 16단째에 살색 실을 연결 후 뜬다)

1-28단은
위와 같은 무늬를
총 6번 반복한다.

얼굴 만들기

단	콧수	색상	설명
1단	6코	밤색	짧은뜨기 6코
2단	12코		코늘림 6번
3단	18코		(짧은뜨기 1코, 코늘림 1코)×6번
4단	24코		(짧은뜨기 2코, 코늘림 1코)×6번
5단	30코		(짧은뜨기 3코, 코늘림 1코)×6번
6단	36코		(짧은뜨기 4코, 코늘림 1코)×6번
7단	42코		(짧은뜨기 5코, 코늘림 1코)×6번
8단	48코		(짧은뜨기 6코, 코늘림 1코)×6번
9단	54코		(짧은뜨기 7코, 코늘림 1코)×6번

10단	60코		(짧은뜨기 8코, 코늘림 1코)×6번
11-15단	60코		짧은뜨기 60코
16-22단	60코	살색	짧은뜨기 60코
23단	54코		(짧은뜨기 8코, 코줄임 1코)×6번
24단	48코		(짧은뜨기 7코, 코줄임 1코)×6번
25단	42코		(짧은뜨기 6코, 코줄임 1코)×6번
26단	36코		(짧은뜨기 5코, 코줄임 1코)×6번
27단	30코		(짧은뜨기 4코, 코줄임 1코)×6번
28단	24코		(짧은뜨기 3코, 코줄임 1코)×6번
29단	20코		(짧은뜨기 4코, 코줄임 1코)×4번

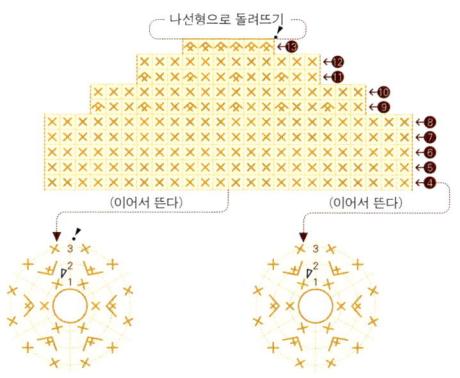

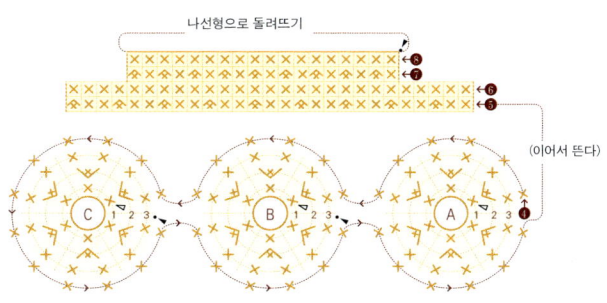

팔 만들기(2개)

단	콧수	색상	설명
1단	6코	연노란색	짧은뜨기 6코
2단	12코		코늘림 6코
3단	12코		짧은뜨기 12코
여기까지 2개를 만듭니다.			
4-8단	24코		짧은뜨기 24코
9단	18코		(짧은뜨기 2코, 코줄임 1코)×6번
10단	18코		짧은뜨기 18코
11단	12코		(짧은뜨기 1코, 코줄임 1코)×6번
12단	12코		짧은뜨기 12코
13단	6코		코줄임 6코

꼬리 만들기

단	콧수	색상	설명
1단	6코	연노란색	짧은뜨기 6코
2단	12코		코늘림 6코
3단	12코		짧은뜨기 12코
여기까지 3개를 만듭니다.			
4단	36코		A:짧은뜨기 12코, B:짧은뜨기6코 C:짧은뜨기 12코, B:짧은뜨기6코
5단	27코		(짧은뜨기 2코, 코줄임 1코)×9번
6단	27코		짧은뜨기 27코
7단	18코		(짧은뜨기 1코, 코줄임 1코)×9번
8단	18코		짧은뜨기 18코

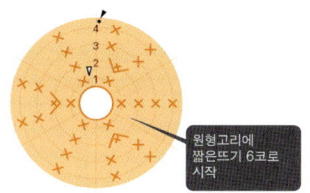

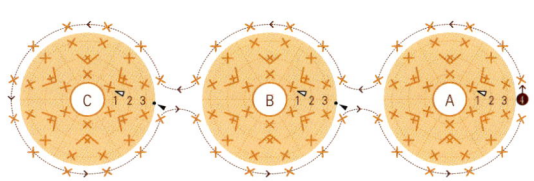

모자 부리 만들기

단	콧수	색상	설명
1단	6코	주황색	짧은뜨기 6코
2단	9코		(짧은뜨기 1코, 코늘림 1코)×3번
3-4단	9코		짧은뜨기 9코

모자 벼슬 만들기

단	콧수	색상	설명
1단	6코	주황색	짧은뜨기 6코
2단	12코		코늘림 6코
3단	12코		짧은뜨기 12코
여기까지 반복하여 A, B, C 3개를 만듭니다.			
4단	36코		A:짧은뜨기 12코, B:짧은뜨기 6코 C: 짧은뜨기 12코, B:짧은뜨기 6코

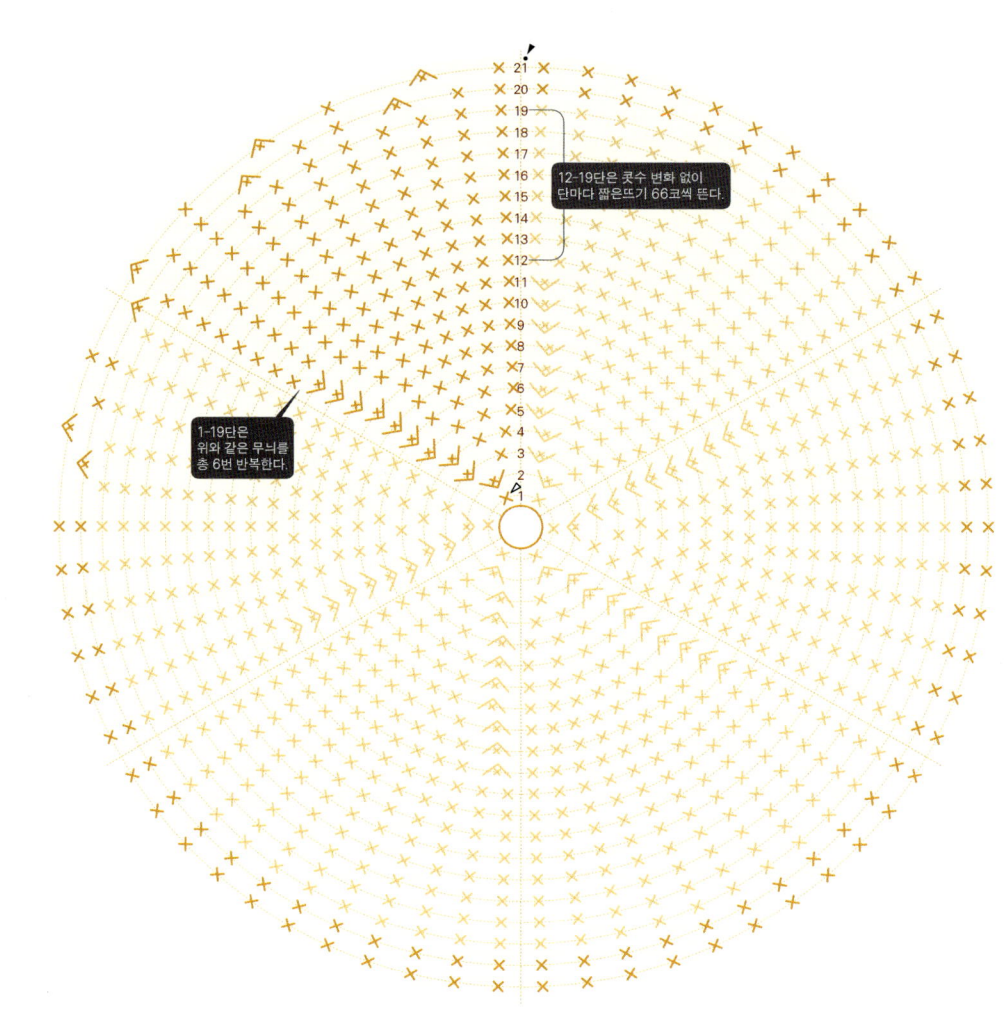

모자 만들기

단	콧수	색상	설명
1단	6코	연노란색	짧은뜨기 6코
2단	12코		코늘림 6코
3단	18코		(짧은뜨기 1코, 코늘림 1코)×6번
4단	24코		(짧은뜨기 2코, 코늘림 1코)×6번
5단	30코		(짧은뜨기 3코, 코늘림 1코)×6번
6단	36코		짧은뜨기 4코, 코늘림 1코)×6번
7단	42코		(짧은뜨기 5코, 코늘림 1코)×6번
8단	48코		(짧은뜨기 6코, 코늘림 1코)×6번

단	콧수	색상	설명
9단	54코		(짧은뜨기 7코, 코늘림 1코)×6번
10단	60코		(짧은뜨기 8코, 코늘림 1코)×6번
11단	66코		(짧은뜨기 9코, 코늘림 1코)×6번
12-19단	66코		짧은뜨기 66코
20단	62코		(짧은뜨기 2코, 코줄임 1코)×4번, 짧은뜨기 50코
21단	58코		(짧은뜨기 1코, 코줄임 1코)×4번, 짧은뜨기 50코

다리 및 몸통 만들기

단	콧수	색상	설명
1단	6코	주황색	짧은뜨기 6코
2단	12코		코늘림 6코
3단	18코		(짧은뜨기 1코, 코늘림 1코)×6번
4단	18코		짧은뜨기 18코

5-20단	40코	노란색	짧은뜨기 40코
21단	36코		(짧은뜨기 8코, 코줄임 1코)×4번
22-23단	36코		짧은뜨기 36코
24단	32코		(짧은뜨기 7코, 코줄임 1코)×4번
25단	32코		짧은뜨기 32코
26단	28코		(짧은뜨기 6코, 코줄임 1코)×4번
27단	28코		짧은뜨기 28코
28단	24코		(짧은뜨기 5코, 코줄임 1코)×4번
29단	24코		짧은뜨기 24코

여기까지 다리 2개를 만들고 몸통을 만들기 시작합니다.

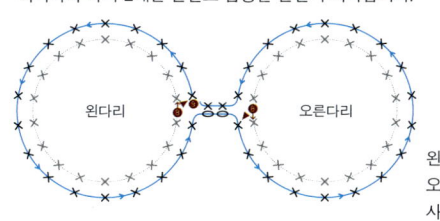

왼다리: 붉은 화살표를 기준으로 짧은뜨기 18코, 사슬코 2코
오른다리: 붉은 화살표를 기준으로 짧은뜨기 18코,
사슬코 부분에 짧은뜨기 2코

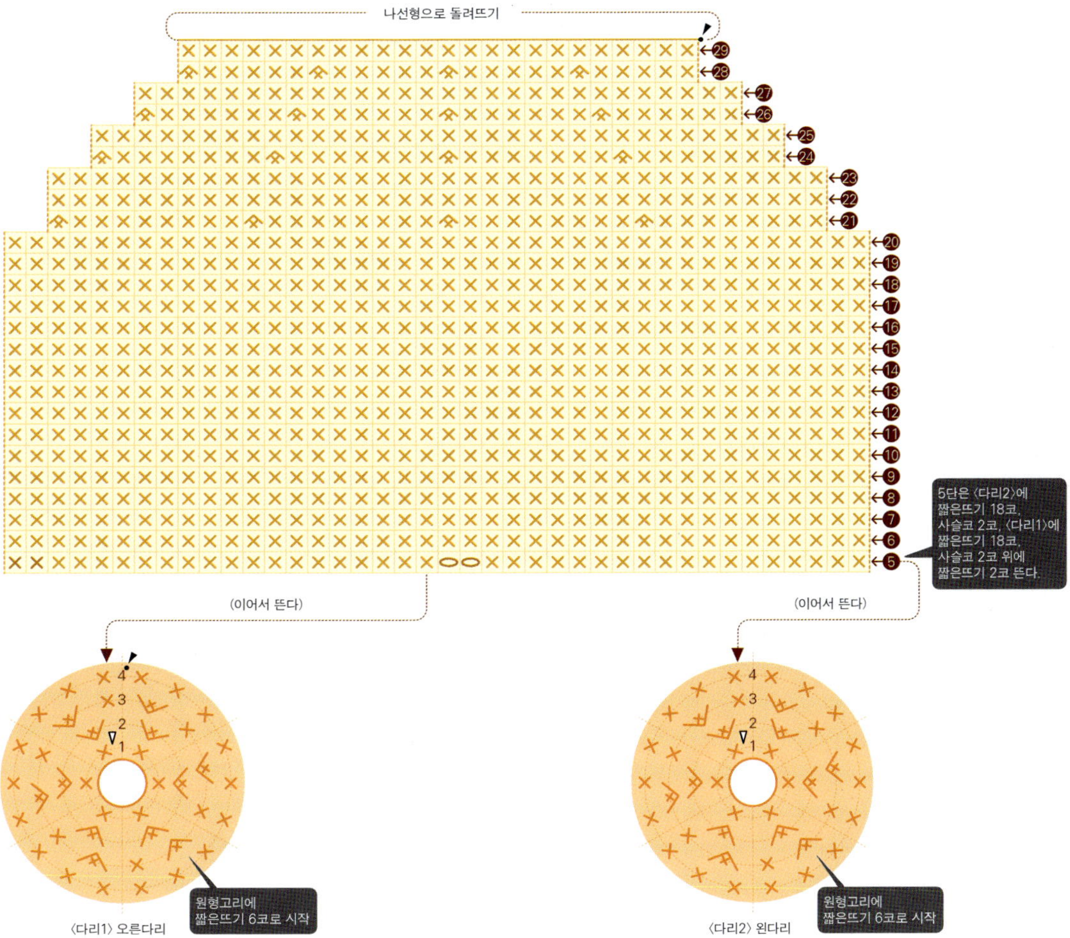

나선형으로 돌려뜨기

㉙ ㉘ ㉗ ㉖ ㉕ ㉔ ㉓ ㉒ ㉑ ⑳ ⑲ ⑱ ⑰ ⑯ ⑮ ⑭ ⑬ ⑫ ⑪ ⑩ ⑨ ⑧ ⑦ ⑥ ⑤

5단은 〈다리2〉에
짧은뜨기 18코,
사슬코 2코, 〈다리1〉에
짧은뜨기 18코,
사슬코 2코 위에
짧은뜨기 2코 뜬다.

(이어서 뜬다)

(이어서 뜬다)

원형고리에
짧은뜨기 6코로 시작

〈다리1〉 오른다리

원형고리에
짧은뜨기 6코로 시작

〈다리2〉 왼다리

조립하기

1. 기본 준비 도안별로 각 부위를 만든 후, 바느질할 실을 20cm 정도 남기고 자릅니다.

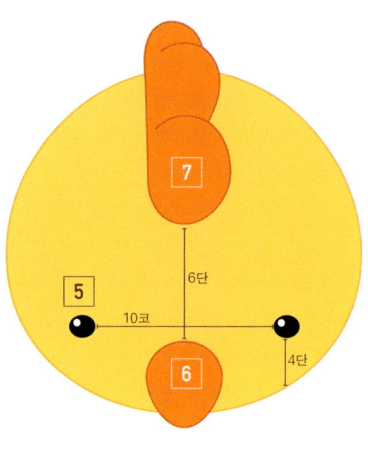

2. 얼굴의 눈, 코

3. 몸통과 모자, 얼굴 연결

4. 몸통과 팔 연결

23쪽의 '인형 몸통과 얼굴의 기본
연결 방법' 참조

5. 모자의 눈

모자 끝단에서 4단 위에 단추눈을 고정합니다.
이때 눈과 눈 사이에 10코를 띄웁니다.

6. 모자의 부리

모자 끝단에 맞춰 정면 정중앙에 원형으로 바느질합니다.

7. 모자의 벼슬

부리에서 6단 위에 일직선으로 나란히 바느질합니다.

8. 몸통의 꼬리

몸통 뒤편 엉덩이 부분에 연결합니다.
이처럼 인형의 특성에 맞게
그림을 참고하여 예쁘게 조립합니다.

9. 마무리 다리 사이에 난 구멍은
감침질로 마무리합니다.

7. 똘똘이 오리너구리 루크

실 색상 연노란색, 주황색, 하늘색, 살색

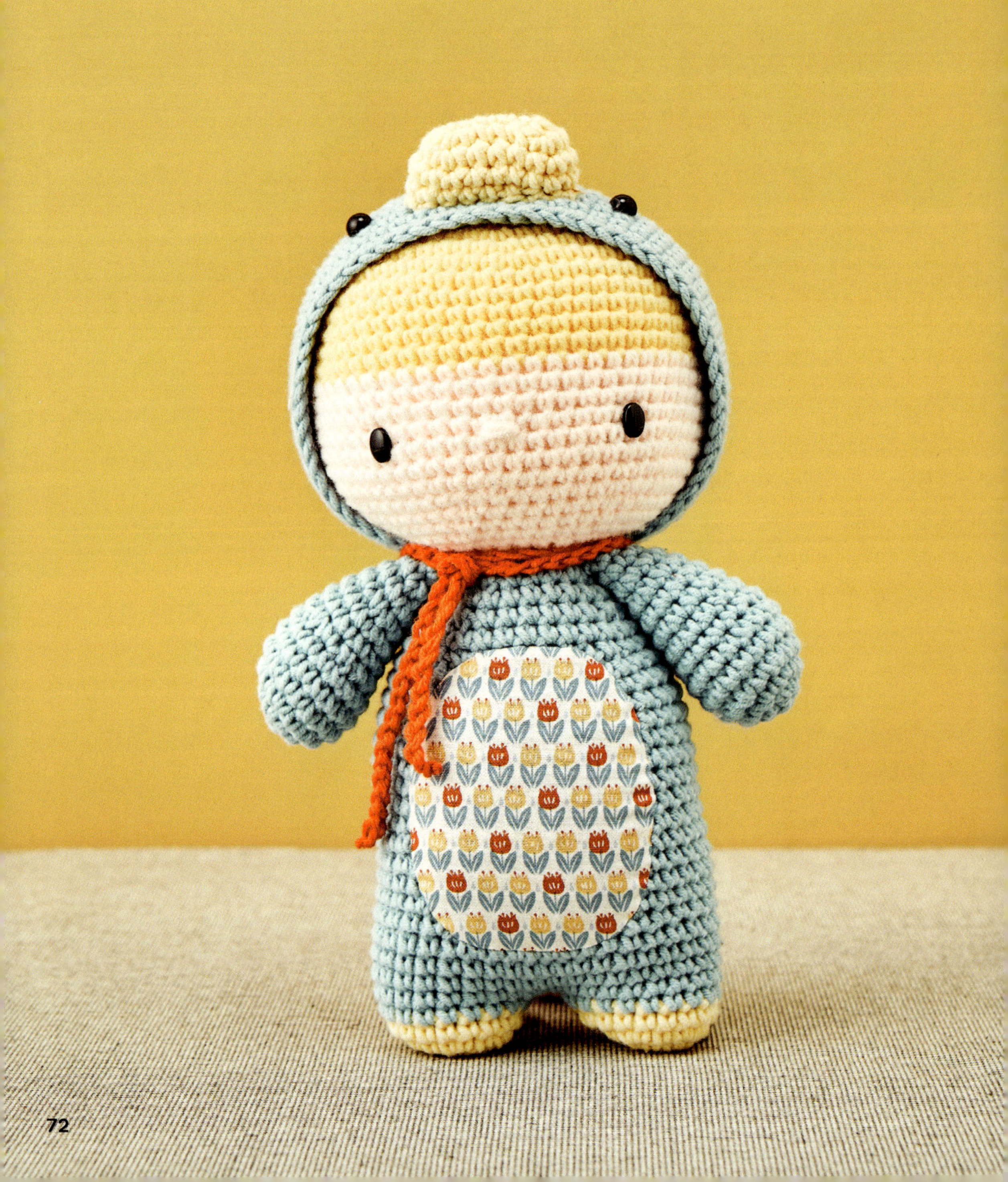

BACK

사소한 궁금증도 꼭 납득하고
넘어가는 호기심 대장 루크.
친구들은 루크를 '걸어 다니는
백과사전'이라고 불러요.

세상의 모든 지식을
다 알 수 있다면 소원이 없을 텐데.
무슨 좋은 방법이 없을까?

TOP

73

얼굴 만들기 고양이 미코의 얼굴 만들기(28쪽)처럼 뜹니다.

팔 만들기(2개)

단	콧수	색상	설명
1단	6코	하늘색	짧은뜨기 6코
2단	12코		코늘림 6코
3단	18코		(짧은뜨기 1코, 코늘림 1코)×6번
4-6단	18코		짧은뜨기 18코
7단	14코		(짧은뜨기 1코, 코줄임 1코)×4번, 짧은뜨기 6코
8-9단	14코		짧은뜨기 14코
10단	12코		(짧은뜨기 2코, 코줄임 1코)×2번, 짧은뜨기 6코
11단	12코		짧은뜨기 12코
12단	10코		(짧은뜨기 1코, 코줄임 1코)×2번, 짧은뜨기 6코
13단	10코		짧은뜨기 10코

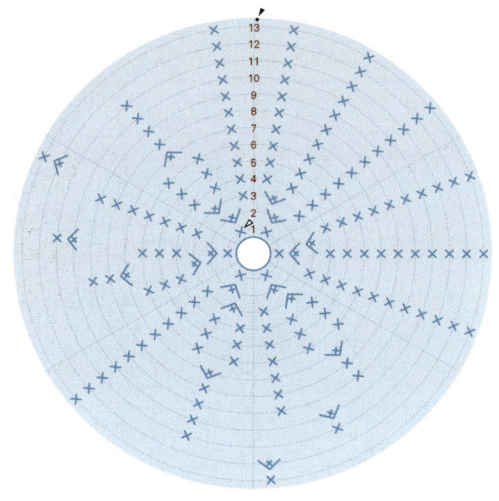

꼬리 만들기

단	콧수	색상	설명
1단	20코	주황색	사슬코 10코, 2번째 코부터 짧은뜨기 8코, 짧은뜨기 3코 늘려 뜨기, 반대쪽으로 돌아 짧은뜨기 7코, 마지막 코에 코늘림 1코
2-9단	20코		짧은뜨기 20코
10단	16코		(짧은뜨기 3코 모아 뜨기, 짧은뜨기 7코)×2번

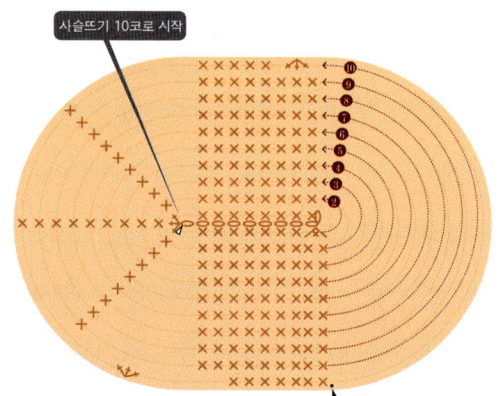

사슬뜨기 10코로 시작

모자 머리카락 만들기

단	콧수	색상	설명
1단	5코	연노란색	사슬코 6코, 2번째 코부터 빼뜨기 5코
2단	7코		사슬코 8코, 2번재 코부터 빼뜨기 7코
3단	5코		사슬코 6코, 2번재 코부터 빼뜨기 5코

사슬뜨기 6코로 시작

모자 만들기

단	콧수	색상	설명
1단	6코	하늘색	짧은뜨기 6코
2단	12코		코늘림 6코
3단	18코		(짧은뜨기 1코, 코늘림 1코)×6번
4단	24코		(짧은뜨기 2코, 코늘림 1코)×6번
5단	30코		(짧은뜨기 3코, 코늘림 1코)×6번
6단	36코		(짧은뜨기 4코, 코늘림 1코)×6번
7단	42코		(짧은뜨기 5코, 코늘림 1코)×6번
8단	48코		(짧은뜨기 6코, 코늘림 1코)×6번
9단	54코		(짧은뜨기 7코, 코늘림 1코)×6번
10단	60코		(짧은뜨기 8코, 코늘림 1코)×6번
11단	66코		(짧은뜨기 9코, 코늘림 1코)×6번
12-19단	66코		짧은뜨기 66코
20단	62코		(짧은뜨기 2코, 코줄임 1코)×4번, 짧은뜨기 50코
21단	58코		(짧은뜨기 1코, 코줄임 1코)×4번, 짧은뜨기 50코

모자 부리 만들기

단	콧수	색상	설명
1단	12코	연노란색	사슬코 6코, 2번째 코부터 짧은뜨기 4코, 마지막 코에 3코 늘리기, 반대쪽으로 돌아 짧은뜨기 3코, 마지막 코에 코늘림 2코
2단	12코		코늘림 1코, 짧은뜨기 3코, 코늘림 3코, 짧은뜨기 3코, 코늘림 2코
3-4단	18코		짧은뜨기 18코

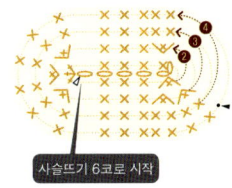

사슬뜨기 6코로 시작

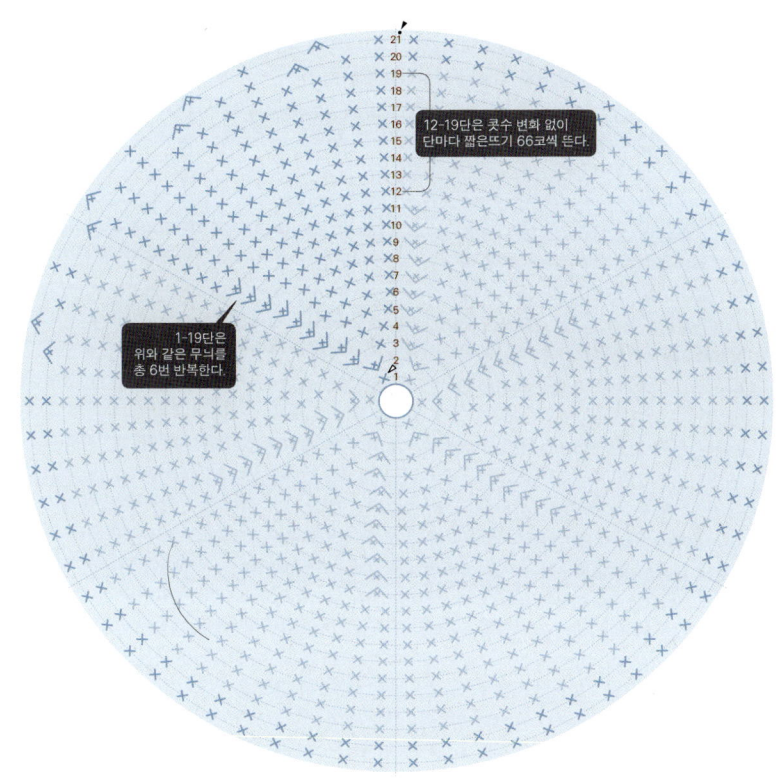

12-19단은 콧수 변화 없이 단마다 짧은뜨기 66코씩 뜬다.

1-19단은 위와 같은 무늬를 총 6번 반복한다.

다리 및 몸통 만들기

단	콧수	색상	설명
1단	6코	연노란색	짧은뜨기 6코
2단	12코		코늘림 6코
3단	18코		(짧은뜨기 1코, 코늘림 1코)×6번
4단	18코		짧은뜨기 18코

여기까지 다리 2개를 만들고 몸통을 만들기 시작합니다.

단	콧수	색상	설명
5-20단	40코	하늘색	짧은뜨기 40코
21단	36코		(짧은뜨기 8코, 코줄임 1코)×4번
22-23단	36코		짧은뜨기 36코
24단	32코		(짧은뜨기 7코, 코줄임 1코)×4번
25단	32코		짧은뜨기 32코
26단	28코		(짧은뜨기 6코, 코줄임 1코)×4번
27단	28코		짧은뜨기 28코
28단	24코		(짧은뜨기 5코, 코줄임 1코)×4번
29단	24코		짧은뜨기 24코

왼다리: 붉은 화살표를 기준으로 짧은뜨기 18코, 사슬코 2코
오른다리: 붉은 화살표를 기준으로 짧은뜨기 18코, 사슬코 부분에 짧은뜨기 2코

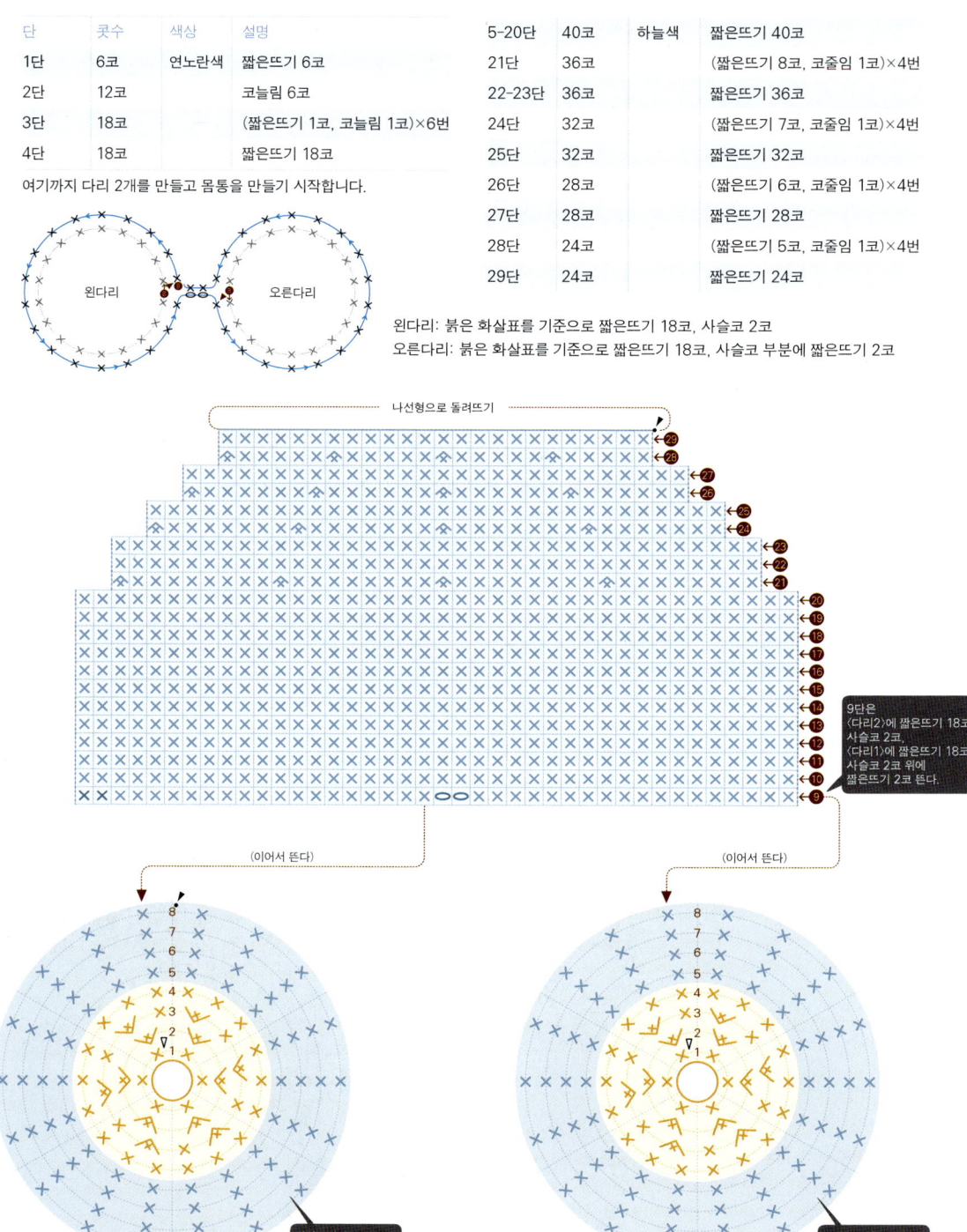

왼다리   오른다리

나선형으로 돌려뜨기

9단은 〈다리2〉에 짧은뜨기 18코, 사슬코 2코, 〈다리1〉에 짧은뜨기 18코, 사슬코 2코 위에 짧은뜨기 2코 뜬다.

(이어서 뜬다)

(이어서 뜬다)

원형고리에 짧은뜨기 6코로 시작

원형고리에 짧은뜨기 6코로 시작

〈다리1〉 오른다리

〈다리2〉 왼다리

⭐ 조립하기

1. 기본 준비 도안별로 각 부위를 만든 후, 바느질할 실을 20cm 정도 남기고 자릅니다.

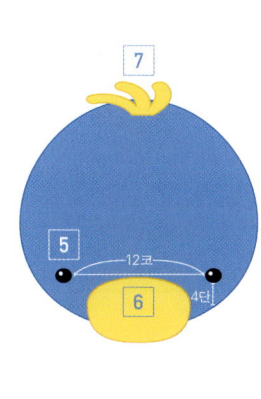

2. 얼굴의 눈, 코

3. 몸통과 모자, 얼굴 연결

4. 몸통과 팔 연결

9. 원단 덧대기

23쪽의 '인형 몸통과 얼굴의 기본 연결 방법' 참조

5. 모자의 눈 모자 끝단에서 4단 위에 단추눈을 고정합니다. 이때 눈과 눈 사이에 12코를 띄웁니다.

6 모자의 부리 모자 끝단의 1단 위 정면 정중앙에 타원형으로 감침질해 연결합니다.

7. 모자의 머리카락 모자의 정수리 부분에 연노란색 실을 빼뜨기로 연결한 후, 도안을 참고하여 코바늘로 뜹니다. 시작 부분이 머리 앞쪽으로 향하도록 합니다.

8. 몸통의 꼬리 몸통의 하늘색 시작단의 3단 위에 감침질로 연결합니다. 이처럼 인형의 특성에 맞게 그림을 참고하여 예쁘게 조립합니다.

10. 마무리 다리 사이에 난 구멍은 감침질로 마무리합니다.

8. 몽상가 유니콘 포니

실 색상 아이보리색, 연노란색, 분홍색,
하늘색, 연두색, 살색

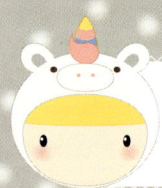

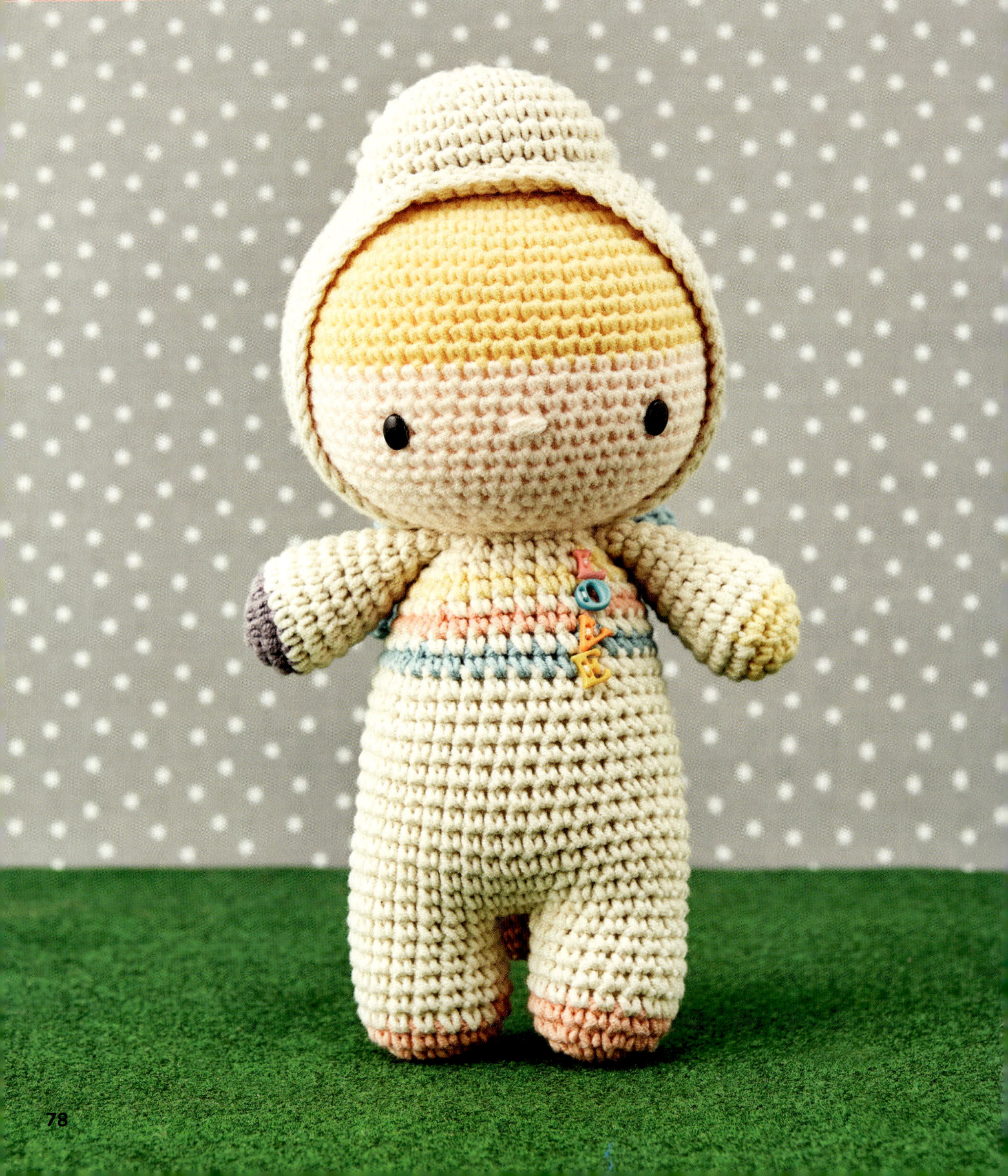

BACK

멍 하니 하늘을
쳐다보는 것이 취미인 포니.
오늘은 구름으로 이불을
만드는 방법을 생각하고 있어요.

TOP

구름으로 이불을 만들면
참 포근할 텐데……
구름을 내 손안에 옮길 방법은 없을까?

얼굴 만들기 고양이 미코의 얼굴 만들기(28쪽)처럼 뜹니다.

팔 만들기(2개)

단	콧수	색상	설명
1단	6코	※주1	짧은뜨기 6코
2단	12코		코늘림 6코
3단	18코		(짧은뜨기 1코, 코늘림 1코)×6번
4단	18코		짧은뜨기 18코
5-6단	18코	아이보리색	짧은뜨기 18코
7단	14코		(짧은뜨기 1코, 코줄임 1코)×4번, 짧은뜨기 6코
8-9단	14코		짧은뜨기 14코
10단	12코		(짧은뜨기 2코, 코줄임 1코)×2번, 짧은뜨기 6코
11단	12코		짧은뜨기 12코
12단	10코		(짧은뜨기 1코, 코줄임 1코)×2번, 짧은뜨기 6코
13단	10코		짧은뜨기 10코

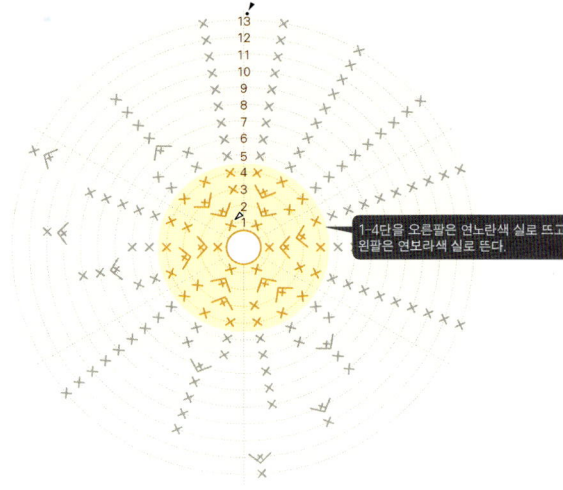

1-4단을 오른팔은 연노란색 실로 뜨고 왼팔은 연보라색 실로 뜬다.

※주1: 오른팔의 1-4단은 연노란색 실로 뜨고, 왼팔의 1-4단은 연보라색 실로 뜬다.

꼬리 만들기

단	콧수	색상	설명
1단	6코	분홍색	짧은뜨기 6코
2단	12코		코늘림 6코
3단	18코		(짧은뜨기 1코, 코늘림 1코)×6번
4단	24코		(짧은뜨기 2코, 코늘림 1코)×6번
5-7단	24코		짧은뜨기 24코
8단	18코		(짧은뜨기 2코, 코줄임 1코)×6번
9단	14코		코줄임 4코, 짧은뜨기 10코
10단	7코		코줄임 7코
11단	7코		짧은뜨기 7코

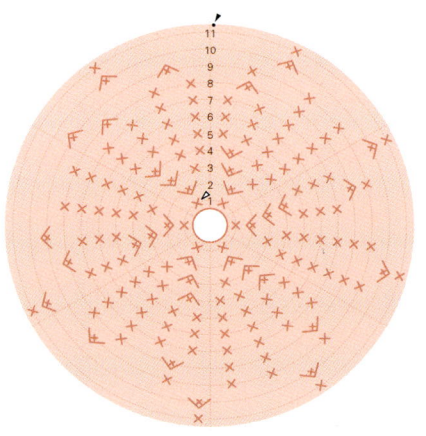

모자 귀 만들기

단	콧수	색상	설명
1단	6코	아이보리색	짧은뜨기 6코
2단	12코		코늘림 6코
3-6단	12코		짧은뜨기 12코

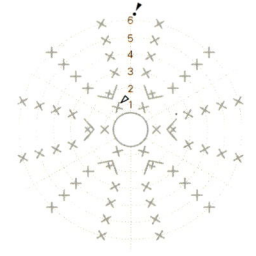

모자 만들기

단	콧수	색상	설명
1단	6코	아이보리색	짧은뜨기 6코
2단	12코		코늘림 6코
3단	18코		(짧은뜨기 1코, 코줄임 1코)×6번
4단	24코		(짧은뜨기 2코, 코줄임 1코)×6번
5단	30코		(짧은뜨기 3코, 코줄임 1코)×6번
6단	36코		(짧은뜨기 4코, 코줄임 1코)×6번
7단	42코		(짧은뜨기 5코, 코줄임 1코)×6번
8단	48코		(짧은뜨기 6코, 코늘림 1코)×6번
9단	54코		(짧은뜨기 7코, 코늘림 1코)×6번
10단	60코		(짧은뜨기 8코, 코늘림 1코)×6번
11단	66코		(짧은뜨기 9코, 코늘림 1코)×6번
12-19단	66코		짧은뜨기 66코
20단	62코		(짧은뜨기 2코, 코줄임 1코)×4번, 짧은뜨기 50코
21단	58코		(짧은뜨기 1코, 코줄임 1코)×4번, 짧은뜨기 50코

날개 만들기(2개)

단	콧수	색상	설명
1단	5코	하늘색	짧은뜨기 5코
2단	10코		코늘림 10코

여기까지 A, B 2개를 만들고 시작합니다.

단	콧수	색상	설명
3단	20코		A: 짧은뜨기 10코, B: 짧은뜨기 10코
4단	18코		(짧은뜨기 8코, 코줄임 1코)×2번
5단	16코		(짧은뜨기 7코, 코줄임 1코)×2번
6단	14코		(짧은뜨기 6코, 코줄임 1코)×2번
7단	12코		(짧은뜨기 5코, 코줄임 1코)×2번

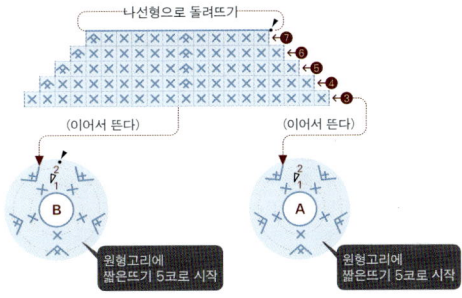

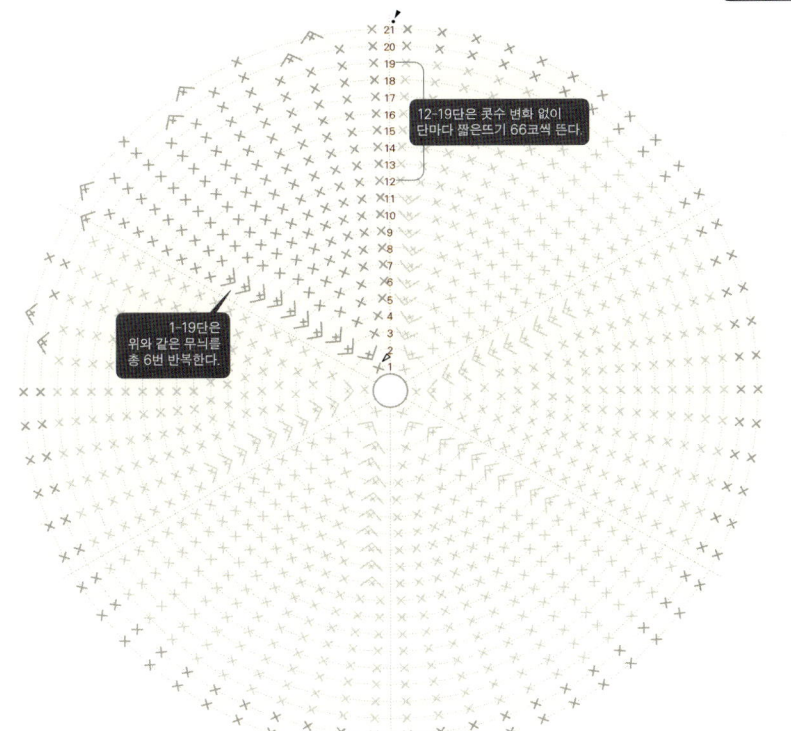

12-19단은 콧수 변화 없이 단마다 짧은뜨기 66코씩 뜬다.

1-19단은 위와 같은 무늬를 총 6번 반복한다.

모자 머리카락 만들기

단	콧수	색상	설명
1단	6코	분홍색	짧은뜨기 6코
2단	12코		코늘림 6코
3단	18코		(짧은뜨기 1코, 코늘림 1코)×6번
4-6단	18코		짧은뜨기 18코
7단	14코		코줄임 4코, 짧은뜨기 10코
8단	7코		코줄임 7코
9단	7코		짧은뜨기 7코

모자 뿔 만들기

단	콧수	색상	설명
1단	5코	연노란색	짧은뜨기 5코
2단	10코		코늘림 5코
3단	10코	분홍색	짧은뜨기 10코
4-5단	10코	하늘색	짧은뜨기 10코
6단	15코	연두색	(짧은뜨기 1코, 코늘림 1코)×5번
7단	15코		짧은뜨기 15코

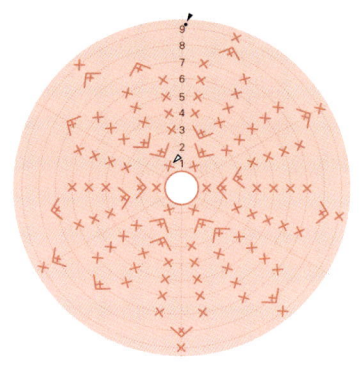

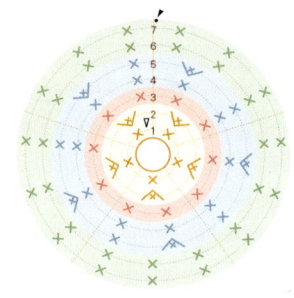

모자 갈기 만들기

단	콧수	색상	설명
1단	6코	분홍색	짧은뜨기 6코
2단	12코		코늘림 6코
여기까지 A, B, C 3개를 만듭니다.			
3-4단	36코		A: 짧은뜨기 6코, B: 짧은뜨기 6코, C: 짧은뜨기 6코 }×2

모자 코 만들기

단	콧수	색상	설명
1단	10코	아이보리색	사슬코 5코, 2번째 코에 3코 늘리기, 짧은뜨기 2코, 마지막 코에 3코 늘리기, 반대쪽으로 돌아 짧은뜨기 2코
2단	16코		(코늘림 3코, 짧은뜨기 2코)×2번
3단	22코		{(짧은뜨기 1코, 코늘림 1코)×3번, 짧은뜨기 2코}×2번
4단	28코		{(코늘림 1코, 짧은뜨기 2코)×3번, 짧은뜨기 2코}×2번
5단	34코		{(짧은뜨기 3코, 코늘림 1코)×3번, 짧은뜨기 2코}×2번
6-7단	34코		짧은뜨기 34코

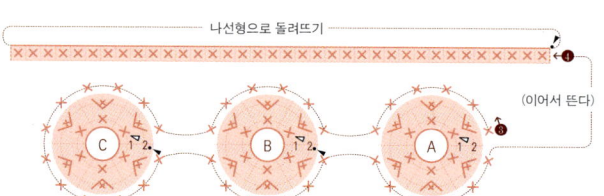

나선형으로 돌려뜨기

(이어서 뜬다)

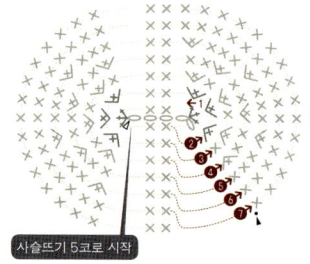

사슬뜨기 5코로 시작

다리 및 몸통 만들기

단	콧수	색상	설명
1단	6코	분홍색	짧은뜨기 6코
2단	12코		코늘림 6코
3단	18코		(짧은뜨기 1코, 코늘림 1코)×6번
4단	18코		짧은뜨기 18코
5-8단	18코	아이보리색	짧은뜨기 18코

여기까지 다리 2개를 만들고 몸통을 만들기 시작합니다.

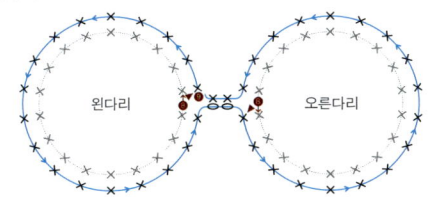

왼다리: 붉은 화살표를 기준으로
짧은뜨기 18코, 사슬코 2코

오른다리: 붉은 화살표를 기준으로
짧은뜨기 18코, 사슬코 부분에 짧은뜨기 2코

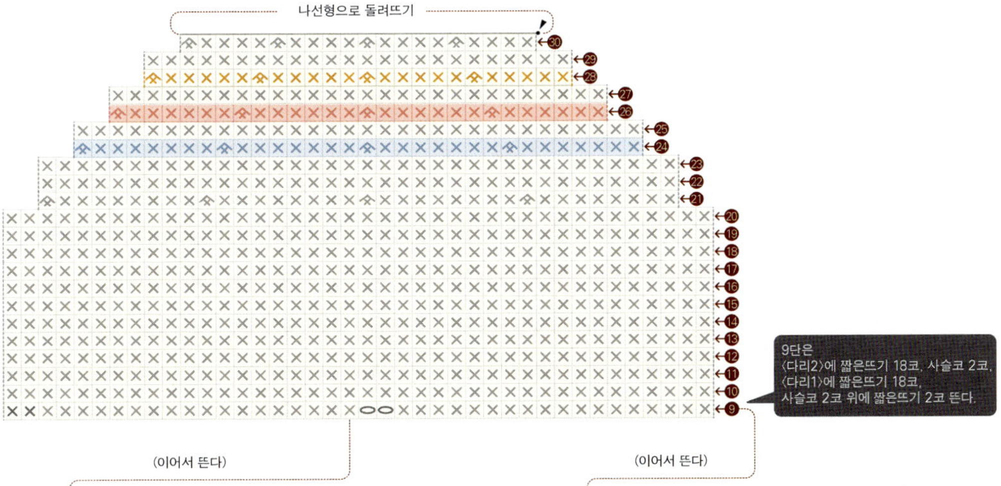

9-20단	40코		짧은뜨기 40코
21단	36코		(짧은뜨기 8코, 코줄임 1코)×4번
22-23단	36코		짧은뜨기 36코
24단	32코	하늘색	(짧은뜨기 7코, 코줄임 1코)×4번
25단	32코	아이보리색	짧은뜨기 32코
26단	28코	분홍색	(짧은뜨기 6코, 코줄임 1코)×4번
27단	28코	아이보리색	짧은뜨기 28코
28단	24코	연노란색	(짧은뜨기 5코, 코줄임 1코)×4번
29단	24코	아이보리색	짧은뜨기 24코
30단	20코	아이보리색	(짧은뜨기 4코, 코줄임 1코)×4번

나선형으로 돌려뜨기

9단은 〈다리2〉에 짧은뜨기 18코, 사슬코 2코,
〈다리1〉에 짧은뜨기 18코,
사슬코 2코 위에 짧은뜨기 2코 뜬다.

(이어서 뜬다)

(이어서 뜬다)

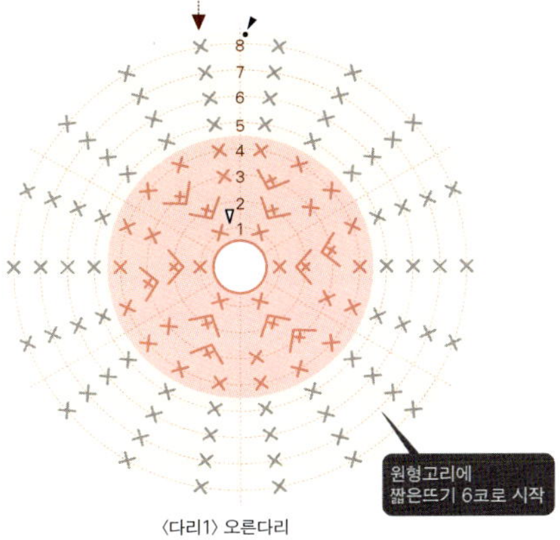

원형고리에
짧은뜨기 6코로 시작

원형고리에
짧은뜨기 6코로 시작

〈다리1〉 오른다리

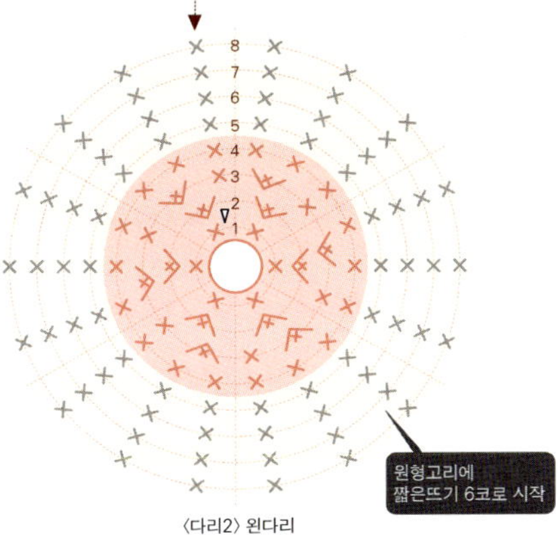

〈다리2〉 왼다리

⭐ 조립하기

1. 기본 준비 도안별로 각 부위를 만든 후, 바느질할 실을 20cm 정도 남기고 자릅니다.

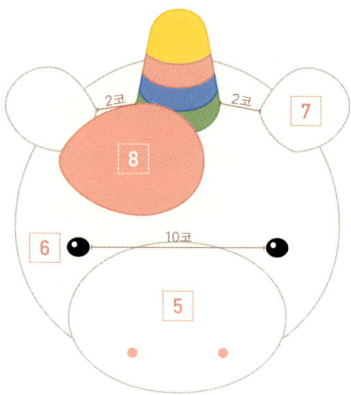

2. 얼굴의 눈, 코
3. 몸통과 모자, 얼굴 연결
4. 몸통과 팔 연결
23쪽의 '인형 몸통과 얼굴의 기본
연결 방법' 참조

5. 모자의 코
모자 끝단 1단 위 정면 정중앙에
감침질로 연결합니다. 콧구멍은
분홍색 실로 수놓습니다.

6. 모자의 눈
코를 단 후 코의 양끝 부분에
단추눈을 고정합니다.
이때 눈과 눈 사이에 10코를 띄웁니다.

7. 모자의 귀
귀를 반으로 접은 후, 뿔을
중심으로 2코 떨어진
지점부터 감침질로 연결합니다.
접힌 부분이 앞으로
향하도록 합니다.

8. 모자의 앞머리
앞머리 끝을 감침질로 모아서 정리한 뒤,
뿔 앞쪽에 딱 붙여 바느질합니다.

9. 모자의 뿔
모자 시작단의 정수리 부분에
원형으로 꿰맵니다.

10. 모자의 갈기
뿔과 일자로 이어지도록 딱
붙여서 일자로 연결합니다.

12. 몸통의 날개
날개 2개를 뒷목 끝단에 날개 위쪽이
딱 붙도록 대각선 아래로 비스듬하게
꿰맵니다. 날개와 날개 사이 간격을
위쪽은 3코, 아래쪽은 5코가 되도록
맞춥니다. 이처럼 인형의 특성에 맞게
그림을 참고하여 예쁘게 조립합니다.

11. 몸통의 꼬리
몸통 뒤편 엉덩이 부분에
원형 모양으로 연결합니다.

3코

5코

13. 마무리 다리 사이에 난 구멍은
감침질로 마무리합니다.

9. 왈가닥 토끼 요나

실 색상 흰색, 연노란색, 살색, 아이보리색

온 동네를 휘젓고 다니는
왈가닥 요나. 동네의 모두와
친구로 지내는 명랑 소녀랍니다.

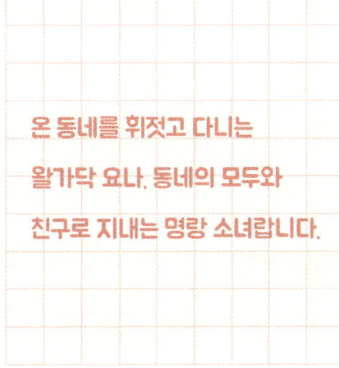

미코와 마요가 좀 더 서로에게
마음을 열어 보면 좋을 텐데……
두 사람을 위한 티타임을 열어 볼까?

얼굴 만들기 고양이 미코의 얼굴 만들기(28쪽)처럼 뜹니다.

팔 만들기(2개)

단	콧수	색상	설명
1단	6코	아이보리색	짧은뜨기 6코
2단	12코		코늘림 6코
3단	18코		(짧은뜨기 1코, 코늘림 1코)×6번
4-6단	18코		짧은뜨기 18코
7단	14코		(짧은뜨기 1코, 코줄임 1코)×4번, 짧은뜨기 6코
8-9단	14코		짧은뜨기 14코
10단	12코		(짧은뜨기 2코, 코줄임 1코)×2번, 짧은뜨기 6코
11단	12코		짧은뜨기 12코
12단	10코		(짧은뜨기 1코, 코줄임 1코)×2번, 짧은뜨기 6코
13단	10코		짧은뜨기 10코

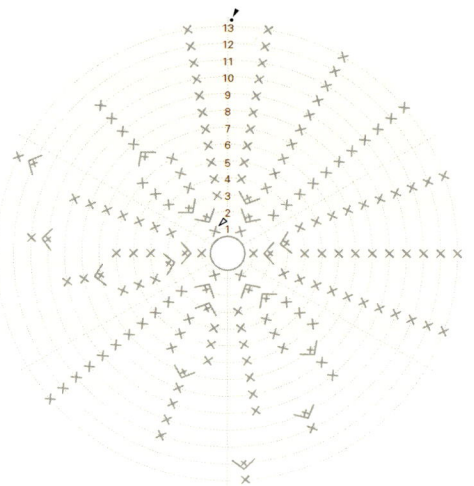

모자 귀 만들기(2개)

단	콧수	색상	설명
1단	6코	아이보리색	짧은뜨기 6코
2단	12코		코늘림 6코
3단	12코		짧은뜨기 12코
4단	18코		(짧은뜨기 1코, 코늘림 1코)×6번
5-11단	18코		짧은뜨기 18코
12단	12코		(짧은뜨기 1코, 코줄임 1코)×6번
13단	12코		짧은뜨기 12코

모자 만들기

단	콧수	색상	설명
1단	6코	아이보리색	짧은뜨기 6코
2단	12코		코늘림 6코
3단	18코		(짧은뜨기 1코, 코늘림 1코)×6번
4단	24코		(짧은뜨기 2코, 코늘림 1코)×6번
5단	30코		(짧은뜨기 3코, 코늘림 1코)×6번
6단	36코		(짧은뜨기 4코, 코늘림 1코)×6번
7단	42코		(짧은뜨기 5코, 코늘림 1코)×6번
8단	48코		(짧은뜨기 6코, 코늘림 1코)×6번
9단	54코		(짧은뜨기 7코, 코늘림 1코)×6번
10단	60코		(짧은뜨기 8코, 코늘림 1코)×6번
11단	66코		(짧은뜨기 9코, 코늘림 1코)×6번
12-19단	66코		짧은뜨기 66코
20단	62코		(짧은뜨기 2코, 코줄임 1코)×4번, 짧은뜨기 50코
21단	58코		(짧은뜨기 1코, 코줄임 1코)×4번, 짧은뜨기 50코

모자 코 만들기

단	콧수	색상	설명
1단	6코	흰색	짧은뜨기 6코
2단	12코		코늘림 6코
3-4단	12코		짧은뜨기 12코

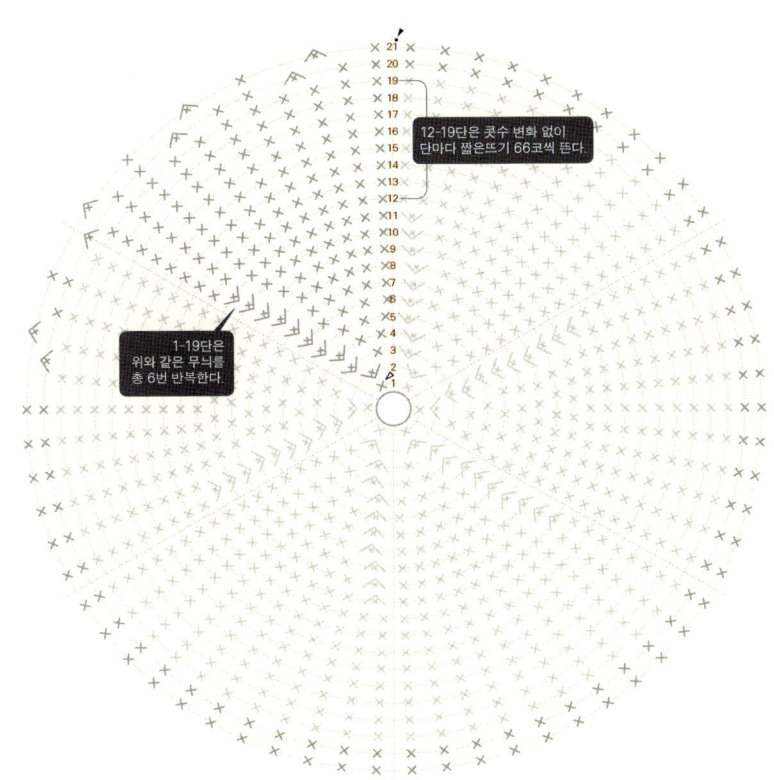

12-19단은 콧수 변화 없이 단마다 짧은뜨기 66코씩 뜬다.

1-19단은 위와 같은 무늬를 총 6번 반복한다.

다리 및 몸통 만들기

단	콧수	색상	설명
1단	6코	아이보리색	짧은뜨기 6코
2단	12코		코늘림 6코
3단	18코		(짧은뜨기 1코, 코늘림 1코)×6번
4-8단	18코		짧은뜨기 18코

여기까지 다리 2개를 만들고 몸통을 만들기 시작합니다.

9-20단	40코	짧은뜨기 40코
21단	36코	(짧은뜨기 8코, 코줄임 1코)×4번
22-23단	36코	짧은뜨기 36코
24단	32코	(짧은뜨기 7코, 코줄임 1코)×4번
25단	32코	짧은뜨기 32코
26단	28코	(짧은뜨기 6코, 코줄임 1코)×4번
27단	28코	짧은뜨기 28코
28단	24코	(짧은뜨기 5코, 코줄임 1코)×4번
29단	24코	짧은뜨기 24코

왼다리: 붉은 화살표를 기준으로 짧은뜨기 18코, 사슬코 2코
오른다리: 붉은 화살표를 기준으로 짧은뜨기 18코, 사슬코 부분에 짧은뜨기 2코

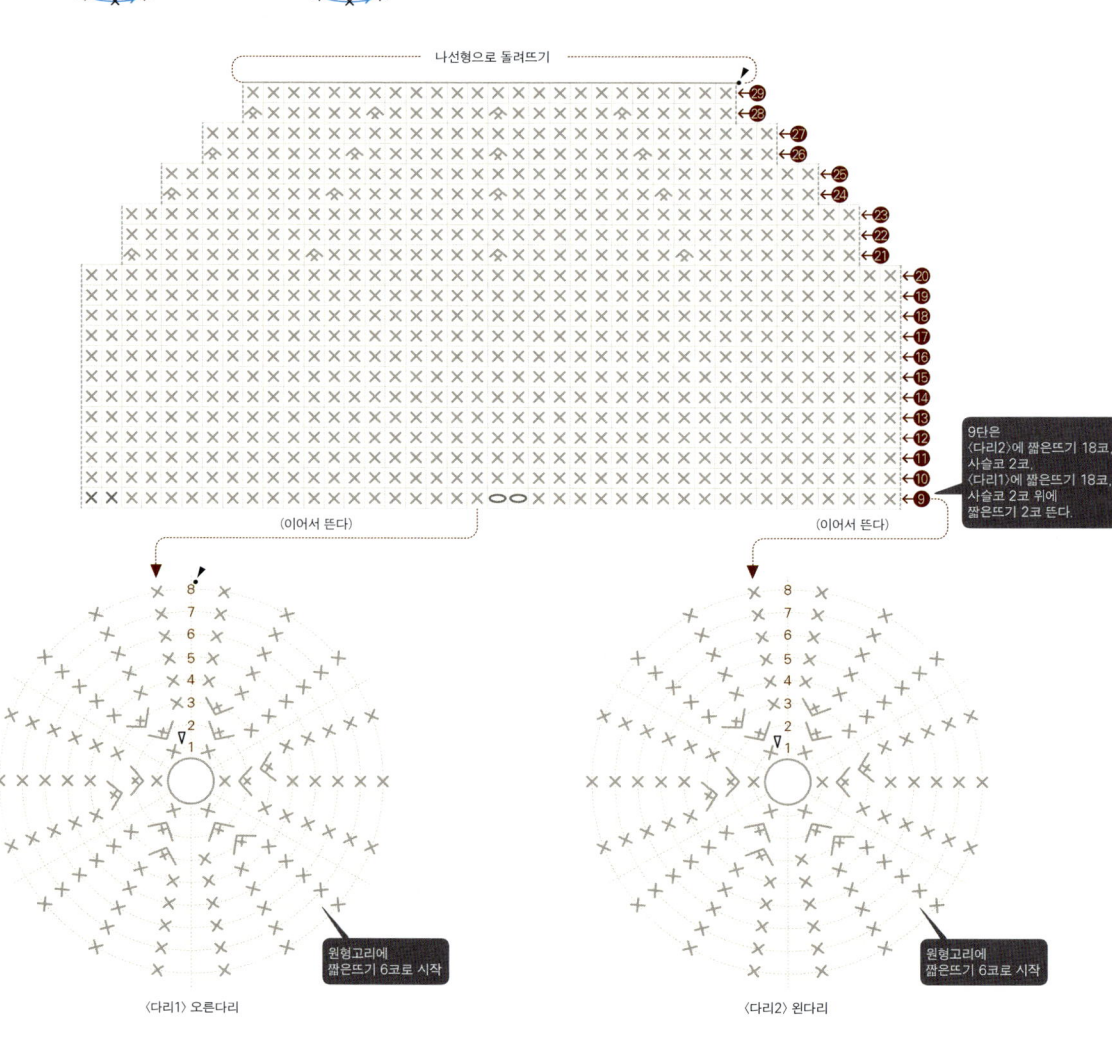

〈다리1〉 오른다리

〈다리2〉 왼다리

 조립하기

1. **기본 준비** 도안별로 각 부위를 만든 후, 바느질할 실을 20cm 정도 남기고 자릅니다.

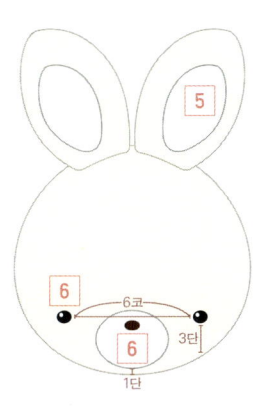

2. **얼굴의 눈, 코**
3. **몸통과 모자, 얼굴 연결**
4. **몸통과 팔 연결**
7. **원단 덧대기**
23쪽의 '인형 몸통과 얼굴의 기본 연결 방법' 참조

5. **모자의 귀** 모자 시작단 정중앙에 귀의 안쪽이 모이도록 일자로 붙여 꿰맵니다.

6. **모자의 눈, 코** 모자 끝단에서 3단 위에 단추눈을 고정합니다. 이때 눈과 눈 사이에 6코를 띄웁니다. 코는 모자 끝단 1단 위부터 원형으로 바느질한 후 갈색 실로 코를 수놓습니다. 이처럼 인형의 특성에 맞게 그림을 참고하여 예쁘게 조립합니다.

8. **마무리** 다리 사이에 난 구멍은 감침질로 마무리합니다.

10. 귀차니스트 판다 포포

실 색상 흰색, 연노란색, 검은색, 살색, 아이보리

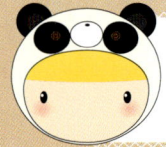

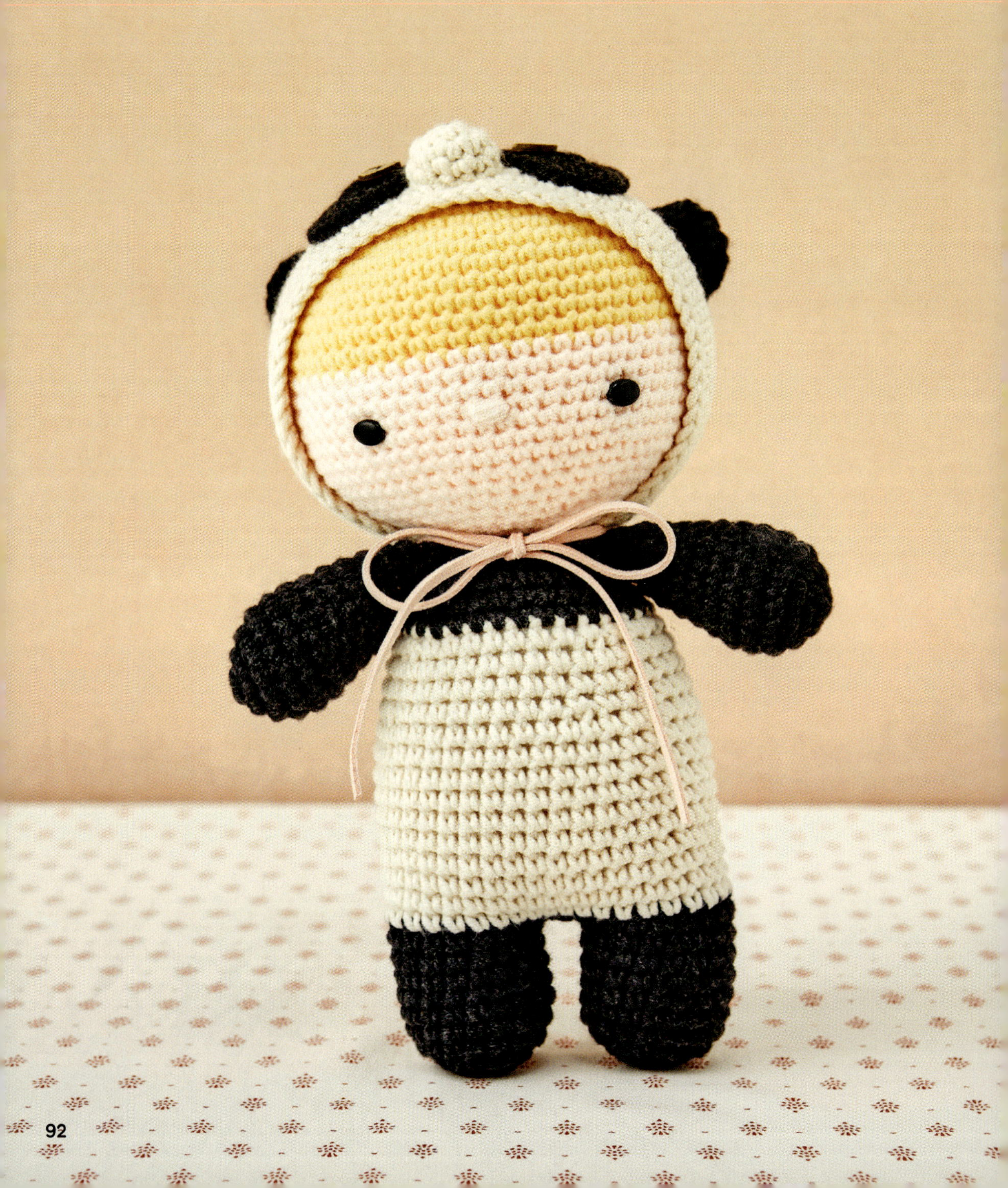

앉아 있는 것조차 귀찮아서
누워 있는 게 좋다는 포포.
맛있는 케이크 앞에서도
일어날 줄 몰라요.

어라, 잠깐 누워 있으려던
것뿐인데 어느새 잠들었지?
잠든 김에 좀 더 자야겠어.

얼굴 만들기 고양이 미코의 얼굴 만들기(28쪽)처럼 뜹니다.

팔 만들기(2개)

단	콧수	색상	설명
1단	6코	검은색	짧은뜨기 6코
2단	12코		코늘림 6코
3단	18코		(짧은뜨기 1코, 코늘림 1코)×6번
4-6단	18코		짧은뜨기 18코
7단	14코		(짧은뜨기 1코, 코줄임 1코)×4번, 짧은뜨기 6코
8-9단	14코		짧은뜨기 14코
10단	12코		(짧은뜨기 2코, 코줄임 1코)×2번, 짧은뜨기 6코
11단	12코		짧은뜨기 12코
12단	10코		(짧은뜨기 1코, 코줄임 1코)×2번, 짧은뜨기 6코
13단	10코		짧은뜨기 10코

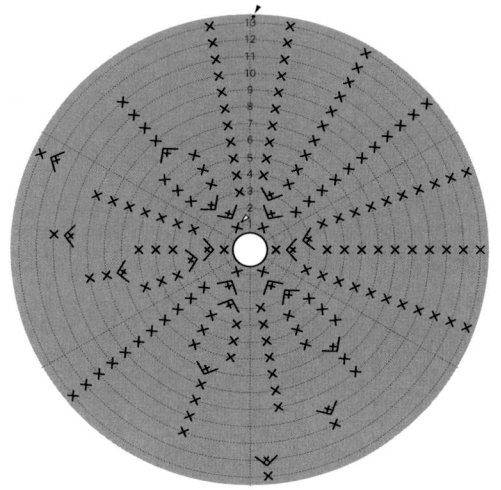

모자 귀 만들기(2개)

단	콧수	색상	설명
1단	6코	검은색	짧은뜨기 6코
2단	12코		코늘림 6코
3단	18코		(짧은뜨기 1코, 코늘림 1코)×6번
4-6단	18코		짧은뜨기 18코

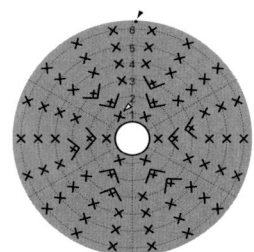

꼬리 만들기

단	콧수	색상	설명
1단	6코	검은색	짧은뜨기 6코
2단	12코		코늘림 6코
3-4단	12코		짧은뜨기 12코
5단	6코		코줄임 6코

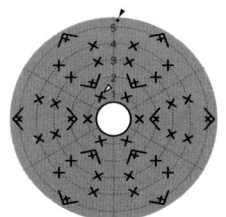

모자 만들기

단	콧수	색상	설명
1단	6코	아이보리색	짧은뜨기 6코
2단	12코		코늘림 6코
3단	18코		(짧은뜨기 1코, 코늘림 1코)×6번
4단	24코		(짧은뜨기 2코, 코늘림 1코)×6번
5단	30코		(짧은뜨기 3코, 코늘림 1코)×6번
6단	36코		(짧은뜨기 4코, 코늘림 1코)×6번
7단	42코		(짧은뜨기 5코, 코늘림 1코)×6번
8단	48코		(짧은뜨기 6코, 코늘림 1코)×6번
9단	54코		(짧은뜨기 7코, 코늘림 1코)×6번
10단	60코		(짧은뜨기 8코, 코늘림 1코)×6번
11단	66코		(짧은뜨기 9코, 코늘림 1코)×6번
12-19단	66코		짧은뜨기 66코
20단	62코		(짧은뜨기 2코, 코줄임 1코)×4번, 짧은뜨기 50코
21단	58코		(짧은뜨기 1코, 코줄임 1코)×4번, 짧은뜨기 50코

모자 코 만들기

단	콧수	색상	설명
1단	6코	흰색	짧은뜨기 6코
2단	12코		코늘림 6코
3-4단	12코		짧은뜨기 12코

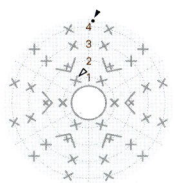

모자 눈 무늬 만들기(2개)

단	콧수	색상	설명
1단	7코	검은색	짧은뜨기 7코
2단	14코		코늘림 7코
3단	21코		(짧은뜨기 1코, 코늘림 1코)×7번

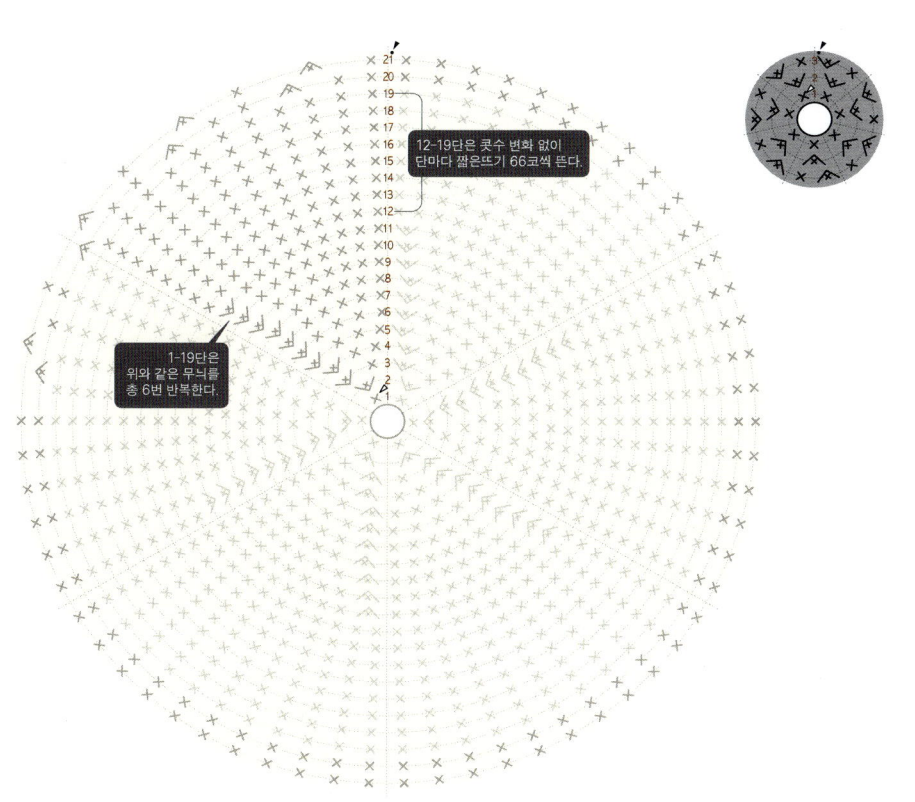

12-19단은 콧수 변화 없이 단마다 짧은뜨기 66코씩 뜬다.

1-19단은 위와 같은 무늬를 총 6번 반복한다.

다리 및 몸통 만들기

단	콧수	색상	설명
1단	6코	검은색	짧은뜨기 6코
2단	12코		코늘림 6코
3단	18코		(짧은뜨기 1코, 코늘림 1코)×6번
4-8단	18코		짧은뜨기 18코

여기까지 다리 2개를 만들고 몸통을 만들기 시작합니다.

단	콧수	색상	설명
9-20단	40코	아이보리색	짧은뜨기 40코
21단	36코		(짧은뜨기 8코, 코줄임 1코)×4번
22-23단	36코		짧은뜨기 36코
24단	32코		(짧은뜨기 7코, 코줄임 1코)×4번
25단	32코		짧은뜨기 32코
26단	28코		(짧은뜨기 6코, 코줄임 1코)×4번
27단	28코	검은색	짧은뜨기 28코
28단	24코		(짧은뜨기 5코, 코줄임 1코)×4번
29단	24코		짧은뜨기 24코

왼다리: 붉은 화살표를 기준으로 짧은뜨기 18코, 사슬코 2코
오른다리: 붉은 화살표를 기준으로 짧은뜨기 18코, 사슬코 부분에 짧은뜨기 2코

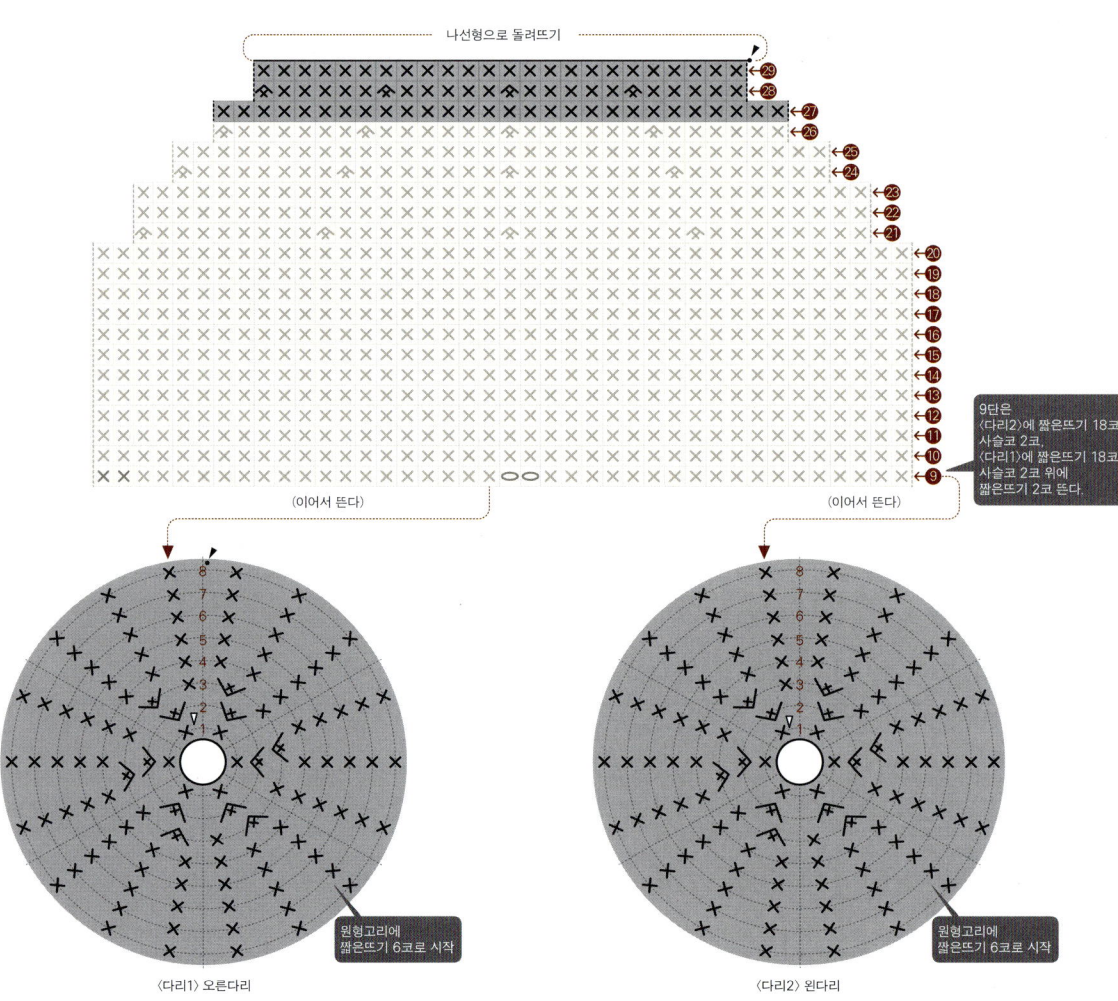

나선형으로 돌려뜨기

9단은
〈다리2〉에 짧은뜨기 18코,
사슬코 2코,
〈다리1〉에 짧은뜨기 18코,
사슬코 2코 위에
짧은뜨기 2코 뜬다.

(이어서 뜬다)

원형고리에
짧은뜨기 6코로 시작

〈다리1〉 오른다리   〈다리2〉 왼다리

 **조립하기**

1. 기본 준비 도안별로 각 부위를 만든 후, 바느질할 실을 20cm 정도 남기고 자릅니다.

2. 얼굴의 눈, 코
3. 몸통과 모자, 얼굴 연결
4. 몸통과 팔 연결
23쪽의 '인형 몸통과 얼굴의 기본 연결 방법' 참조

5. 모자의 귀 모자의 정수리 부분을 중심으로 같은 단 좌우 6코 떨어진 지점부터 일자로 꿰맵니다.

6. 모자의 코 코는 모자 끝단의 1단 위에서부터 원형으로 바느질합니다. 코 중앙에 미니단추를 답니다.

7. 모자의 눈 코 양옆에 검은색 눈 무늬를 공그르기로 연결한 후, 나무단추를 가운데로 모아 바느질합니다.

8. 몸통의 꼬리 몸통 뒤편 엉덩이 부분에 원형 모양으로 연결합니다. 이처럼 인형의 특성에 맞게 그림을 참고하여 예쁘게 조립합니다.

9. 마무리 다리 사이에 난 구멍은 감침질로 마무리합니다.

11. 장난꾸러기 펭귄 버디

실 색상 흰색, 연노란색, 주황색, 회색, 검은색, 살색, 아이보리색

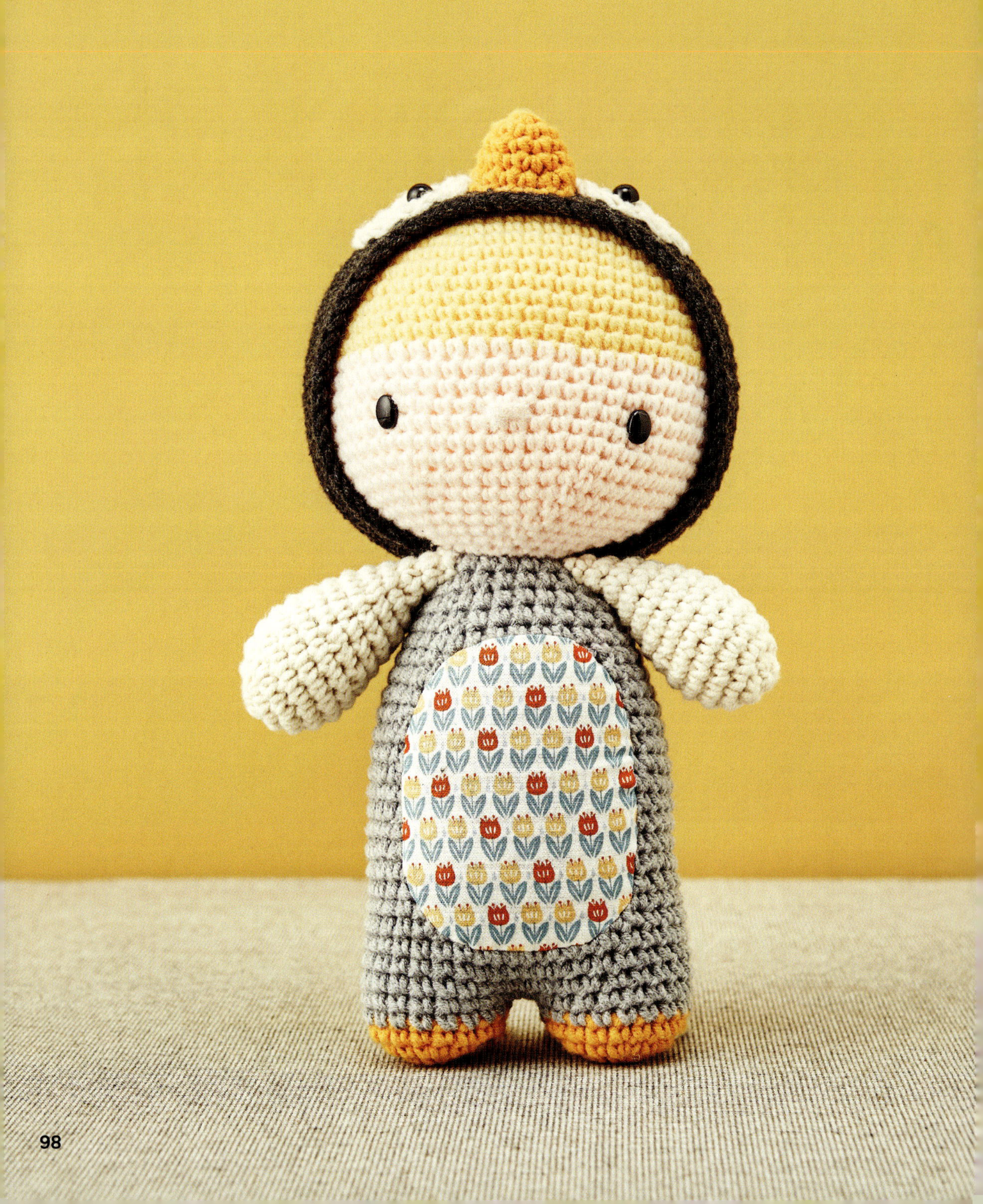

BACK

누구에게 어떤 장난을 칠지
고민하는 것이 일과인 버디.
오늘의 타깃은
루크와 피코인가 봐요.

나만 쏙 빼놓고 여행 계획을
세우고 있다니! 내가 순순히
보내 줄 거라 생각하면 오산이야.

TOP

얼굴 만들기 고양이 미코의 얼굴 만들기(28쪽)처럼 뜹니다.

팔 만들기(2개)

단	콧수	색상	설명
1단	6코	아이보리색	짧은뜨기 6코
2단	12코		코늘림 6코
3단	18코		(짧은뜨기 1코, 코늘림 1코)×6번
4-6단	18코		짧은뜨기 18코
7단	14코		(짧은뜨기 1코, 코줄임 1코)×4번, 짧은뜨기 6코
8-9단	14코		짧은뜨기 14코
10단	12코		(짧은뜨기 2코, 코줄임 1코)×2번, 짧은뜨기 6코
11단	12코		짧은뜨기 12코
12단	10코		(짧은뜨기 1코, 코줄임 1코)×2번, 짧은뜨기 6코
13단	10코		짧은뜨기 10코

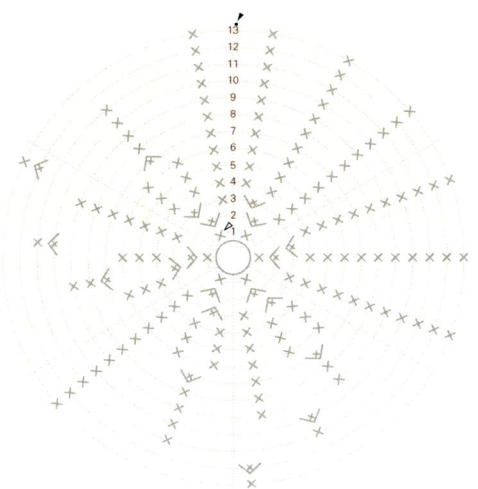

꼬리 만들기

단	콧수	색상	설명
1단	6코	회색	짧은뜨기 6코
2단	12코		코늘림 6코
3단	12코		짧은뜨기 12코
4단	18코		(짧은뜨기 1코, 코늘림 1코)×6번
5단	18코		짧은뜨기 18코
6단	24코		(짧은뜨기 2코, 코늘림 1코)×6번

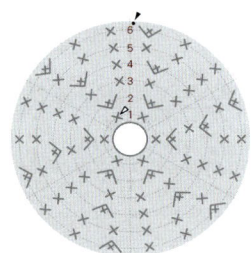

모자 부리 만들기

단	콧수	색상	설명
1단	5코	주황색	짧은뜨기 5코
2단	10코		코늘림 5코
3단	10코		짧은뜨기 10코
4단	15코		(짧은뜨기 1코, 코늘림 1코)×5번
5단	15코		짧은뜨기 15코

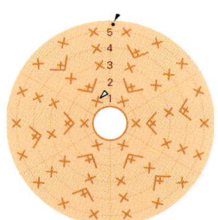

모자 만들기

단	콧수	색상	설명
1단	6코	검은색	짧은뜨기 6코
2단	12코		코늘림 6코
3단	18코		(짧은뜨기 1코, 코늘림 1코)×6번
4단	24코		(짧은뜨기 2코, 코늘림 1코)×6번
5단	30코		(짧은뜨기 3코, 코늘림 1코)×6번
6단	36코		(짧은뜨기 4코, 코늘림 1코)×6번
7단	42코		(짧은뜨기 5코, 코늘림 1코)×6번
8단	48코		(짧은뜨기 6코, 코늘림 1코)×6번
9단	54코		(짧은뜨기 7코, 코늘림 1코)×6번
10단	60코		(짧은뜨기 8코, 코늘림 1코)×6번
11단	66코		(짧은뜨기 9코, 코늘림 1코)×6번
12-19단	66코		짧은뜨기 66코
20단	62코		(짧은뜨기 2코, 코줄임 1코)×4번, 짧은뜨기 50코
21단	58코		(짧은뜨기 1코, 코줄임 1코)×4번, 짧은뜨기 50코

모자 눈 무늬 만들기 (2개)

단	콧수	색상	설명
1단	7코	아이보리색	짧은뜨기 7코
2단	14코		코늘림 14코
3단	21코		짧은뜨기 21코

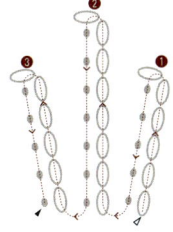

모자 머리카락 만들기

단	콧수	색상	설명
1단	5코	아이보리색	사슬코 6코, 2번째 코부터 빼뜨기 5코
2단	7코		사슬코 8코, 2번재 코부터 빼뜨기 7코
3단	5코		사슬코 6코, 2번재 코부터 빼뜨기 5코

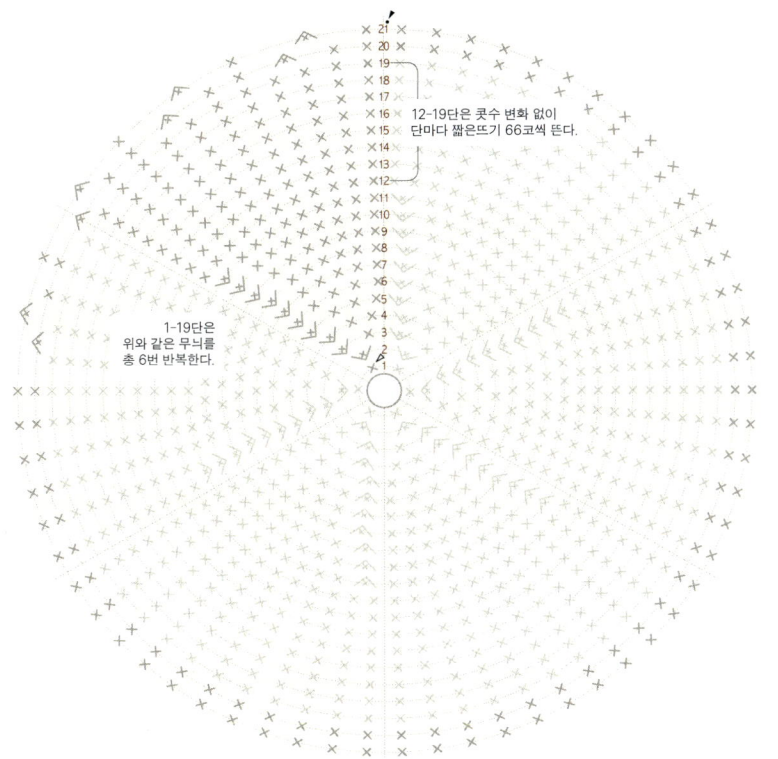

12-19단은 콧수 변화 없이
단마다 짧은뜨기 66코씩 뜬다.

1-19단은
위와 같은 무늬를
총 6번 반복한다.

다리 및 몸통 만들기

단	콧수	색상	설명
1단	6코	주황색	짧은뜨기 6코
2단	12코		코늘림 6코
3단	18코		(짧은뜨기 1코, 코늘림 1코)×6번
4단	18코		짧은뜨기 18코

여기까지 다리 2개를 만들고 몸통을 만들기 시작합니다.

단	콧수	색상	설명
5-20단	40코	회색	짧은뜨기 40코
21단	36코		(짧은뜨기 8코, 코줄임 1코)×4번
22-23단	36코		짧은뜨기 36코
24단	32코		(짧은뜨기 7코, 코줄임 1코)×4번
25단	32코		짧은뜨기 32코
26단	28코		(짧은뜨기 6코, 코줄임 1코)×4번
27단	28코		짧은뜨기 28코
28단	24코		(짧은뜨기 5코, 코줄임 1코)×4번
29단	24코		짧은뜨기 24코

왼다리: 붉은 화살표를 기준으로 짧은뜨기 18코, 사슬코 2코
오른다리: 붉은 화살표를 기준으로 짧은뜨기 18코, 사슬코 부분에 짧은뜨기 2코

나선형으로 돌려뜨기

5단은
〈다리2〉에 짧은뜨기 18코,
사슬코 2코,
〈다리1〉에 짧은뜨기 18코,
사슬코 2코 위에
짧은뜨기 2코 뜬다.

(이어서 뜬다)

(이어서 뜬다)

원형고리에
짧은뜨기 6코로 시작

〈다리1〉 오른다리

원형고리에
짧은뜨기 6코로 시작

〈다리2〉 왼다리

⭐ 조립하기

1. 기본 준비 도안별로 각 부위를 만든 후, 바느질할 실을 20cm 정도 남기고 자릅니다.

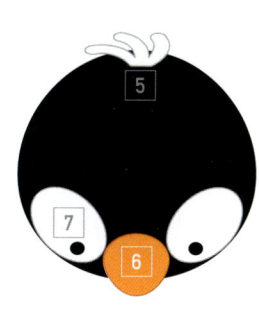

2. 얼굴의 눈, 코

3. 몸통과 모자, 얼굴 연결

4. 몸통과 팔 연결

9. 원단 덧대기
23쪽의 '인형 몸통과 얼굴의 기본 연결 방법' 참조

5. 모자의 머리카락 모자의 정수리 부분에 아이보리색 실을 빼뜨기로 연결한 후, 도안을 참고하여 코바늘로 뜹니다. 시작 부분이 머리 앞쪽으로 향하도록 합니다.

6. 모자의 부리 모자 끝단의 1단 위에서부터 정면 정중앙에 원형으로 바느질합니다.

7. 모자의 눈 코 양 옆에 아이보리색 눈 무늬를 공그르기로 연결한 후, 나무단추를 가운데로 모아 바느질합니다.

8. 몸통의 꼬리 몸통 뒤편 엉덩이 부분에 원형 모양으로 연결합니다. 이처럼 인형의 특성에 맞게 그림을 참고하여 예쁘게 조립합니다.

10. 마무리 다리 사이에 난 구멍은 감침질로 마무리합니다.

이 책에서 소개하는 '마이 리틀 버디' 시리즈 인형 11점은 한국저작권위원회를 통해 저작권 등록을 마친 캐릭터로,
저작권법에 의하여 보호받고 있습니다. 따라서 작품 판매 및 제작 방법 강연 등 상업적인 용도의 무단 이용을 일체 금합니다.

아마폴라 손뜨개 인형

2016년 1월 4일 초판 1쇄 발행 | 2020년 8월 20일 초판 3쇄 발행 | **지은이** 김화진(아마폴라) | **펴낸이** 정상석 | **기획** 문희언 | **편집·진행** 윤보라
편집·표지 디자인 이지선 | **일러스트** 홍수정 | **그림 도안** 배정은 | **촬영** 맹민화(STUDIO 88) | **스타일링** 장주영 | **펴낸 곳** 터닝포인트(www.diytp.com)
등록번호 2005. 2. 17 제6-738호 | **주소** (121-869) 서울시 마포구 동교로27길 53 지남빌딩 308호 | **대표 전화** (02)332-7646
팩스 (02)3142-7646 | **ISBN** 978-89-94158-83-9 13630 | **정가** 13,500원 | **내용 및 집필 문의** diamat@naver.com
터닝포인트는 삶에 긍정적 변화를 가져오는 좋은 원고를 환영합니다.